はじめに

　2016年4月より、「障害を理由とする差別の解消の推進に関する法律」(以下「障害者差別解消法」といいます)が施行されます。
　この障害者差別解消法は、すべての国民が障がいの有無にかかわらず相互に人格と個性を尊重し合う共生社会の実現を目的としており、その実現に向けて国・地方公共団体、および事業者の責務を規定しています。
　事業者の責務については、障害者差別解消法8条において、障がい者に対して障がいを理由とする差別的取扱いを禁止するとともに、障がい者から様々な配慮を求められた場合、できるだけその実施に向けて努力すべきこととされています。
　金融機関においても、この法の趣旨に則った具体的な取組みが必要となりますが、金融分野においては、金融庁より「金融庁所管事業分野における障害を理由とする差別の解消の推進に関する対応指針」(以下「金融庁対応指針」といいます)が出されており、その金融庁対応指針に基づいて障がいのあるお客さまへの対応を行うことになります。
　本書は、金融機関が障害者差別解消法の趣旨に沿ってどのような態勢整備を図り、障がいのあるお客さまにどのような対応をすべきかについて具体的な設問を設け、簡潔でわかりやすい解説をしています。
　障がいのあるお客さまに直接接する営業店においては予期せぬ問題が出てくることも予想されますが、まず、基本的な考え方・対

応を押さえたうえで、お客さまの立場に立って臨機応変に対応することが重要となります。

　特に、障がいのあるお客さまからの「社会的障壁の除去」の意思表明については、お客さまごとに千差万別の要望が考えられますが、金融機関の負担を考慮したうえで丁寧に対応することが求められます。

　本書で取り上げた設問の内容は、法の趣旨・金融庁対応指針に基づいて基本的な対応を示したものであり、実際の対応についてはこれをもとに現場の状況に応じて対応していただくことになります。

　障がいのあるお客さまへの適切な対応は「平成27事務年度 金融行政方針」にも盛り込まれており、本書を現場での様々な対応の一助としていただければ幸いです。

2016年2月

弁　護　士　宗形　徹也

◆Contents◆

1 障害者差別解消法の理解のために

Q1 金融機関は、今後、障がい者への差別解消に本格的に取り組むことになるということですが、その背景について教えてください。……………2

Q2 障害者基本法とはどういう法律ですか。その目的・趣旨について教えてください。また、障がい者の人権を守るため、どのような規定が設けられていますか。……4

Q3 障害者差別解消法とはどういう法律ですか。その目的等について教えてください。………………6

Q4 金融機関として差別解消に取り組むべき障がい者とは、どういう人たちを指すのでしょうか。高齢で足や手が不自由になった人も含まれるのでしょうか。………8

Q5 障害者差別解消法で規定している障がい者に対する「社会的障壁の除去」とはどういうことでしょうか。…10

Q6 障害者差別解消法は、差別禁止について金融機関等の事業者に対してどのような義務を課しているのでしょうか。………………12

Q7 不当な差別的取扱いの基本的考え方について、政府が作成した基本方針ではどのように記述されていますか。14

Q8 具体的にどのようなことが差別になるのですか。………16

Q9　障害者差別解消法8条にいう「合理的配慮」とはどういうことですか。その基本的考え方および具体例について教えてください。…………18

Q10　障がい者が事業者から不当な差別的対応を受けた場合や、差別に関する紛争に巻き込まれた場合、障害者差別解消法はどのような仕組みを用意しているのでしょうか。……………………………………………………20

Q11　障害者差別解消法に違反した場合、どのような罰則が課せられますか。………………………………………………22

2　差別解消への態勢整備

Q12　障がいのあるお客さまに対する差別解消に向けて、金融機関行職員はどのような考え方・姿勢で取り組むべきでしょうか。………………………………………………………24

Q13　障がいのあるお客さまに対する差別解消に向けて、金融機関の本部ではどのような対応が必要でしょうか。……………………………………………………………………26

Q14　障がいのあるお客さまへの対応に際して、営業店としてどのような準備が必要でしょうか。………………28

Q15　営業店において、障がいのあるお客さまへの差別解消のためのユニバーサルデザイン化はどのようにすべきでしょうか。………………………………………………30

Q16　金融機関は、過重な負担とならない範囲で障がいのあるお客さまに対して合理的配慮を提供する必要があるとのことですが、来店した障がいのあるお客さまのた

	めに、特別なスペースや部屋を設ける必要があるでしょうか。……………………………………………32
Q17	障がいのあるお客さまに向けたパンフレットや書類は、どういうものを作ればよいでしょうか。……………34
Q18	金融機関が合理的配慮の提供を行う一環として、障がい者対応を専属で行う人員を確保する必要があるでしょうか。……………………………………………36
Q19	障がいのあるお客さまへの差別解消のための研修等は全員を対象として行う必要はありますか。それとも、窓口担当者等の一部の行職員だけでよいのでしょうか。 38
Q20	障がいのあるお客さまに配慮した店舗にするためには、改装費がかなりかかる場合もありますが、金融機関として、どこまで対応する必要があるのでしょうか。……40
Q21	障がいのあるお客さまへの案内表示（ポスターのようなもの）は作ったほうがよいのでしょうか。また、作るとすればどのようなものを作ればよいのでしょうか。……………………………………………………42
Q22	障がいのあるお客さまに書いていただく書類は、すべて大きな文字でわかりやすい表現に作りかえる必要はあるでしょうか。……………………………………44
Q23	筆談、あるいはわかりやすく説明するための携帯用ホワイトボードは、営業店に備え置くほうがよいでしょうか。……………………………………………………46
Q24	障がいのあるお客さまへの相談窓口はどのようなもの（対面・電話・メール等）を設置すればよいでしょうか。また、相談窓口を実効性のあるものにするために

	は、どうしたらよいでしょうか。………………………	48
Q25	相談窓口を担当する場合、どのような点に留意すべきでしょうか。………………………………………………	50
Q26	手話ができる行職員を養成する必要はありますか。……	52
Q27	障がいには様々なものがありますが、それぞれの障がいに関する知識を習得する必要はありますか。…………	54

3　障がいのあるお客さまへの対応

Q28	障がいのあるお客さまが来店した場合、どのように対応すべきでしょうか。基本的な考え方・対応を教えてください。………………………………………………………	58
Q29	障がいのあるお客さまと円滑なコミュニケーションをとる方法として、どのようなものが考えられるでしょうか。また、その際、どのような点に気を付けたらよいでしょうか。…………………………………………	60
Q30	聴覚障がいのあるお客さまが来店した場合、どのように対応すべきでしょうか。………………………………	62
Q31	視覚障がいのあるお客さまが来店した場合、どのように対応すべきでしょうか。………………………………	64
Q32	言語障がいのあるお客さまが来店した場合、どのように対応すべきでしょうか。………………………………	66
Q33	知的障がいのあるお客さまが来店した場合、どのように対応すべきでしょうか。………………………………	68
Q34	パニック障がい・適応障がい等精神障がいのあるお客	

	さまが来店した場合、どのように対応すべきでしょうか。……………………………………………………………70
Q35	車いすのお客さまやステッキをもったお客さまが来店した場合、どのように対応すべきでしょうか。 ………72
Q36	合理的配慮の提供について、自らの意思を表明することが困難な障がいのあるお客さまが来店した場合、金融機関としてはどのようにしてその意思をくみとったらよいでしょうか。 ……………………………………74
Q37	障がいがあると思われるお客さまに対して、障がいの状況を具体的に聞くことはプライバシーの侵害にならないのでしょうか。 ……………………………………76
Q38	障がいのあるお客さまへの配慮として、営業店内での順番待ちを障がいのないお客様より優先して対応することは、障がいのあるお客さまに対する「特別扱い」に当たるとして、問題にならないでしょうか。 …………78
Q39	障がいのあるお客さまが補助犬を連れて来店した場合、金融機関としては、どのように対応すべきでしょうか。補助犬を同伴していることを理由に、入店を拒否するといった対応に問題はないのでしょうか。 …………80
Q40	手が不自由なお客さまから代筆を依頼された場合、どのように対応すべきでしょうか。 ………………………82
Q41	障がいのあるお客さまとのコミュニケーション方法として筆談や読み上げを選択した場合、どのような点に気を付けるべきでしょうか。 …………………………84
Q42	知的障がいのあるお客さまから振込をしたいといわれた際、説明しても理解できないと思い、「ご家族の方

(7)

|||と同伴で来店してください」と言いましたが、問題ないでしょうか。……………………………………………………86

Q43 車いすのお客さまから、「申込書を記入するための記帳台が高くて書けない」と言われた場合、どのように対応したらよいでしょうか。……………………………88

Q44 差別的対応に当たるような事例をいくつか教えてください。………………………………………………………90

■資料■
金融庁所管事業分野における障害を理由とする差別の解消の推進に関する対応指針 ………………………………93

凡　例

- **障害者権利条約**　⇒障害者の権利に関する条約
- **障害者差別解消法**　⇒障害を理由とする差別の解消の推進に関する法律
- **基本方針**　⇒障害を理由とする差別の解消の推進に関する基本方針
- **金融庁対応指針**　⇒金融庁所管事業分野における障害を理由とする差別の解消の推進に関する対応指針

本書の内容に関する訂正等の情報
　本書は内容につき精査のうえ発行しておりますが、発行後に訂正（誤記の修正）等の必要が生じた場合には、当社ホームページ(http://www.khk.co.jp/)に掲載いたします。
　（ホームページトップ： メニュー 内の 追補・正誤表 ）

① 障害者差別解消法の理解のために

Question 1

金融機関は、今後、障がい者への差別解消に本格的に取り組むことになるということですが、その背景について教えてください。

1 障害者権利条約の採択

　障がい者の人権および基本的自由の享有を確保することは国際的な課題であるところ、2006年（平成18年）12月13日、国連総会において「障害者の権利に関する条約」（以下「障害者権利条約」といいます）が採択され、2008年（平成20年）5月3日に発効しました。

　障害者権利条約は、障がい者の人権や基本的人権の享有を確保し、障がい者の固有の尊厳の尊重を促進することを目的として、障がい者の権利を実現するための措置等を定めています。

2 わが国における法整備

　わが国は、2007年（平成19年）9月28日に障害者権利条約に署名し、それ以降、障害者権利条約を実効化するための国内法を整備することになりました。

　具体的には、まず、2011年（平成23年）に「障害者基本法」（昭和45年法律第84号）が改正され、障がい者に対し、障がいを理由として差別することや障がい者の権利利益を侵害する行為をして

はならないこと等の基本原則が定められました（障害者基本法4条1項）。

　また、2012年（平成24年）には、地域社会における共生の実現に向けて、障がい福祉サービスの充実等、障がい者の日常生活および社会生活を総合的に支援することを目的とした「障害者の日常生活及び社会生活を総合的に支援するための法律」（障害者総合支援法）が成立しました（障害者自立支援法（平成17年法律第123号）の改正という法形式となっています）。

3　障害者差別解消法の制定、条約の締結

　こうした関係法令の整備を前提に、2013年（平成25年）6月、「障害を理由とする差別の解消の推進に関する法律」（平成25年法律第65号。以下「障害者差別解消法」といいます）が制定されました。

　そして、これら一連の法整備を受けて、わが国は、2014年（平成26年）1月20日、障害者権利条約を締結し、同年2月19日、同条約はわが国について効力を発生しました。

【障がい者福祉関連法令】

・障害者権利条約（2006年（平成18年）国連総会にて採択。2014年（平成26年）締結）
・障害者基本法（1970年（昭和45年）成立。2011年（平成23年）改正）
・障害者差別解消法（2013年（平成25年）成立）
・障害者総合支援法（2012年（平成24年）成立。障害者自立支援法の改正）
・バリアフリー法（2006年（平成18年）成立）

Question 2

障害者基本法とはどういう法律ですか。その目的・趣旨について教えてください。また、障がい者の人権を守るため、どのような規定が設けられていますか。

Answer

1 障害者基本法の目的

　障害者基本法（昭和45年法律第84号）は、すべての国民が障がいの有無によって分け隔てられることなく、相互に人格と個性を尊重し合いながら共生する社会を実現することをその理念に掲げ、その理念を達成するために、①障がい者の自立および社会参加の支援等のための施策に関する基本原則を定めて、国や地方公共団体等の責任を明らかにすることと、②障がい者の自立および社会参加の支援等のための施策を総合的かつ計画的に推進すること、を目的とする法律です（障害者基本法1条）。

　障害者基本法自体は1970年（昭和45年）に成立した法律ですが、障害者権利条約の批准を前提として実施された2011年（平成23年）改正の内容が重要です。

　障害者基本法1条に掲げられる「全ての国民が、障害の有無によって分け隔てられることなく、相互に人格と個性を尊重し合いながら共生する社会を実現する」という理念も同改正で盛り込まれたものです。

2　障害者基本法の概要

　障害者基本法は、障がい者の人権を守る観点から、様々な規定を定めています。

　まず、第1章（総則）では、障がい者に対して、障がいを理由として差別することその他の権利利益を侵害する行為をしてはならない旨を定めています（4条）。この規定を実効化するために制定されたのが、障害者差別解消法です。

　また、障害者基本法は、第2章において「障害者の自立及び社会参加の支援等のための基本的施策」を定めています。具体的には、公共的施設のバリアフリー化（21条）といったハードの整備に関する事項や、司法手続における障がい者への配慮（29条）といったソフトの整備に関する施策について定めています。

　さらに、障害者基本法は、第3章において「障害の原因となる傷病の予防に関する基本的施策」として、国等が障がいの原因となる傷病やその予防に関する調査・研究を促進する義務を定めています。

Question 3

障害者差別解消法とはどういう法律ですか。その目的等について教えてください。

1　障害者差別解消法の目的等

　2013年（平成25年）6月、障害者差別解消法が制定されました。障害者差別解消法は、2011年（平成23年）の障害者基本法の改正に際して定められた基本原則（たとえば、障がい者に対して、障がいを理由として、差別することその他の権利利益を侵害する行為をしてはならない（障害者基本法4条1項）等）を具体化する法律として制定されたものです。

　障害者差別解消法は、1条で、①すべての障がい者が、障がいをもたない人と等しく、基本的人権を享有する個人としてその尊厳が重んじられ、その尊厳にふさわしい生活を保障される権利を有することを踏まえ、②障がいを理由とする差別の解消の推進に関する基本的な事項、行政機関および事業者における障がいを理由とする差別を解消するための措置等を定めることにより、障がいを理由とする差別の解消を推進し、③もってすべての国民が、障がいの有無によって分け隔てられることなく、相互に人格と個性を尊重し合いながら共生する社会の実現に資することがその目的であると謳っています。

　これを分析しますと、①は障害者差別解消法の前提となる基本理

念を述べるもの、②は①の理念を実現するための具体的な施策を述べるもの、③は②の施策により実現する目的を述べるもの、ということができます。

つまり、障害者差別解消法は、①の基本理念のもと、③を目的として、②の施策について定めた法律であるということができます。その意味では、②の内容を理解することが、実務的には特に重要です。

2　障害者差別解消法の適用対象

障害者差別解消法の適用対象には、国や地方公共団体等のみならず事業者も含まれますが、障害者差別解消法に基づき課せられる義務については、国、地方公共団体等、事業者とでやや異なっています。この点は、Q6等で説明します。

【障害者差別解消法】

第1条　この法律は、障害者基本法（昭和45年法律第84号）の基本的な理念にのっとり、全ての障害者が、障害者でない者と等しく、基本的人権を享有する個人としてその尊厳が重んぜられ、その尊厳にふさわしい生活を保障される権利を有することを踏まえ、障害を理由とする差別の解消の推進に関する基本的な事項、行政機関等及び事業者における障害を理由とする差別を解消するための措置等を定めることにより、障害を理由とする差別の解消を推進し、もって全ての国民が、障害の有無によって分け隔てられることなく、相互に人格と個性を尊重し合いながら共生する社会の実現に資することを目的とする。

Question 4

金融機関として差別解消に取り組むべき障がい者とは、どういう人たちを指すのでしょうか。高齢で足や手が不自由になった人も含まれるのでしょうか。

1 障害者差別解消法が定める障がい者の定義

　障害者差別解消法は、障がい者に対する差別の解消を目的とする法律ですので、障がい者の定義が問題となります。

　この点、障害者差別解消法2条1号は、障がい者の定義を「身体障害、知的障害、精神障害（発達障害を含む。）その他の心身の機能の障害（以下「障害」と総称する。）がある者であって、障害及び社会的障壁により継続的に日常生活又は社会生活に相当な制限を受ける状態にあるもの」と定めています。

　また、同条2号は、社会的障壁について「障害がある者にとって日常生活又は社会生活を営む上で障壁となるような社会における事物、制度、慣行、観念その他一切のもの」と定義しています。

2 障がい者に該当するか否かの判断

　これらの定義を踏まえると、障がい者に該当するかは、日常生活や社会生活において受ける制限が継続的か、日常生活または社会生活において受ける制限の程度が相当なものか、という視点で判断す

ることになります。

　2015年（平成27年）2月24日に閣議決定された「障害を理由とする差別の解消の推進に関する基本方針」（以下「基本方針」といいます）は、上記の定義を前提として、障害者差別解消法が対象とする障がい者は、いわゆる障害者手帳の所持者に限られないという見解を明らかにしています。

　そのため、高齢であること自体は障がいとはいえませんが、加齢的要因により手足が不自由になり、その不自由のために日常生活において継続的かつ相当程度な制限を強いられている場合には、障害者差別解消法が定める障がい者に該当すると考えられます。

【基本方針】

第2・1・(1)　障害者

　対象となる障害者は、障害者基本法第2条第1号に規定する障害者、即ち、「身体障害、知的障害、精神障害（発達障害を含む。）その他の心身の機能の障害（以下「障害」と総称する。）がある者であつて、障害及び社会的障壁により継続的に日常生活又は社会生活に相当な制限を受ける状態にあるもの」である。これは、障害者が日常生活又は社会生活において受ける制限は、身体障害、知的障害、精神障害（発達障害を含む。）その他の心身の機能の障害（難病に起因する障害を含む。）のみに起因するものではなく、社会における様々な障壁と相対することによって生ずるものとのいわゆる「社会モデル」の考え方を踏まえている。したがって、法が対象とする障害者は、いわゆる障害者手帳の所持者に限られない。なお、高次脳機能障害は精神障害に含まれる。

Question 5

障害者差別解消法で規定している障がい者に対する「社会的障壁の除去」とはどういうことでしょうか。

1 「社会的障壁」の定義

　Ｑ４で述べたように、障害者差別解消法２条１号は、障がい者の定義に関し、「障害及び社会的障壁により継続的に日常生活又は社会生活に相当な制限を受ける状態にある」ことをその要素に挙げています。それでは、ここでいう「社会的障壁」とはどのようなものでしょうか。

　障害者差別解消法２条２号は社会的障壁について、「障害がある者にとって日常生活又は社会生活を営む上で障壁となるような社会における事物、制度、慣行、観念その他一切のもの」と定義しています（障害者基本法２条２号も同じ定義をしています）。

　少し難しい説明ですが、要は、「障がい者が、障がいのない人と同じことをしようとした場合に立ちはだかるあらゆる障壁」と理解していただければわかりやすいのではないかと思います。そして、その壁さえ取り払えば、障がいのない人と同じように行動できる場合において、その障壁を取り除くことが「社会的障壁の除去」になります。

2 「社会的障壁」の考え方

　社会的障壁と聞いた場合には、たとえば、建物の構造がバリアフリーではない等、ついつい物理的な壁を想定しがちですが、それだけに限られません。

　また、障がいのない人にとっては当たり前の制度（システム）や慣行（習慣）、観念（考え方）等が、障がい者にとって日常生活の壁になるような場合も、社会的障壁と評価されることに留意しましょう。

【障害者差別解消法】

第5条　行政機関等及び事業者は、社会的障壁の除去の実施についての必要かつ合理的な配慮を的確に行うため、自ら設置する施設の構造の改善及び設備の整備、関係職員に対する研修その他の必要な環境の整備に努めなければならない。

Question 6

障害者差別解消法は、差別禁止について金融機関等の事業者に対してどのような義務を課しているのでしょうか。

1　障害者差別解消法の適用対象

　障害者差別解消法は、行政機関等だけではなく、事業者もその適用対象としています。
　すなわち、障害者差別解消法は、適用対象となる事業者を「商業その他の事業を行う者」と定義していますので（障害者差別解消法2条7号）、民間の金融機関は障害者差別解消法の適用対象となります。

2　事業者の義務

　障害者差別解消法は、事業者に対し、大きく2つの義務を課しています。1つ目は、障がい者に対して不当な差別的取扱いをすることによる、権利利益の侵害禁止です（障害者差別解消法8条1項）。2つ目は、障がい者からの要請があった場合における、社会的障壁の除去に関する合理的な配慮の提供です（同条2項）。

(1)　不当差別の禁止

　不当差別の禁止とは、事業者が障がい者に対して障がいをもつことゆえに、障がいをもたない人と比べて不当な取扱いをしてはなら

—12—

ないことを定めるものであり、障害者基本法4条1項を前提とする義務です。

　これは事業者に課された法的義務であり、事業者は例外なくこの義務を守らなければなりません。

(2)　合理的配慮の提供

　合理的配慮の提供は、障がい者が社会的障壁（詳細はQ5を参照）の除去を求めた場合に、事業者が当該障がい者の状況に応じて、社会的障壁の除去のための必要かつ合理的な配慮をするよう努めることを求めるものです。

　重要なのは、不当差別の禁止と異なり、合理的配慮の提供は、事業者の努力義務であるという点です（なお、国等は努力義務ではなく、法的義務として合理的配慮を提供しなければなりません）。

　これは、事業者と障がい者の関係は様々であり、求められる配慮も多種多様であることを踏まえ、事業者については努力義務として、自発的な取組みを促す趣旨です。

3　金融庁の対応指針

　金融機関における障がい者への差別解消については、金融庁策定の「金融庁所管事業分野における障害を理由とする差別の解消の推進に関する対応指針」（以下「金融庁対応指針」といいます）に基本的な考え方が示されています。

Question 7

不当な差別的取扱いの基本的考え方について、政府が作成した基本方針ではどのように記述されていますか。

1 不当差別の考え方

　Ｑ６で説明したように、事業者は障がい者に対し不当差別をしてはならない義務を負っています。ただ、事業者が、そのような義務に違反しないために注意すべき点については、障害者差別解消法には具体的な説明はありません。

　ここでヒントになるのが、基本方針（障害を理由とする差別の解消の推進に関する基本方針）です。

　基本方針「第２・２・(1)・ア」は、不当差別禁止の基本的な考え方について説明しています。

　具体的には、事業者が、障がい者に対して、正当な理由なく、障がいを理由として、財・サービスや各種機会の提供を拒否する、または提供にあたって、場所・時間帯等を制限することや、障がい者だけに一定の条件を付けること等が不当な差別的取扱いに当たることを明らかにしています。

2 障がい者に配慮した措置

　一方、事業者が、障がい者に対して、障がいを理由として障がい

者に配慮した措置（障がいのない人には行わない措置）を行った場合も、障がい者を特別に扱う措置であるとして、不当差別と評価されるのでしょうか。

　この点について、基本方針「第2・2・(1)・イ」は、障がい者を障がい者でない者と比べて優遇する取扱い（いわゆる積極的改善措置）は不当差別に当たらないことを明らかにしています。

　また、障がい者に対し、積極的改善措置を講ずるために必要な範囲で、プライバシーに配慮しながら障がいの状況等を確認することも、不当差別には当たりません。

　つまり、事業者が、障がい者に対する配慮の見地から行う特別措置は、正当な理由があるものとして、許されます。

　よって、障がい者に対する積極的改善措置を行うことは、障害者差別解消法には反しませんし、むしろ、同法の目的に沿うものとして、積極的な検討が望ましいといえるでしょう。

Question 8

具体的にどのようなことが差別になるのですか。

1 「正当な理由」の考え方

Q7において、事業者が、障がい者に対して特別な措置を行うためには正当な理由が必要であることを説明しました。では、正当な理由があるかどうかは、どのようにして判断すればよいでしょうか。

この問題について、金融庁対応指針は、正当な理由が認められる場合とは、「障害者に対して、障害を理由として、財・サービスや各種機会の提供を拒否するなどの取扱いが客観的に見て正当な目的の下に行われたものであり、その目的に照らしてやむを得ないと言える場合」をいい、「個別の事案ごとに、障害者、事業者、第三者の権利利益（例：安全の確保、財産の保全、事業の目的・内容・機能の維持、損害発生の防止等）の観点に鑑み、具体的場面や状況に応じて総合的・客観的に判断する」と説明しています（下線筆者。金融庁対応指針「第2・1・(2)」）。下線部がポイントです。

2 特別な措置を行う場合のポイント

1つ目のポイントは、事業者が特別な措置を行う場合において、それが、客観的に正当な目的に基づくものでなければ、不当差別に

なるという点です。ここで留意すべきは、特別措置を行う人が主観的（個人的）に正当であると考える目的では足りないという点です。

2つ目のポイントは、事業者が特別な措置を実施することがその目的に照らしてやむを得ないといえるかという点です。つまり、事業者が障がい者に対してある特別措置を実施しようとする場合において、その措置以外に障がい者により配慮した対応が可能である場合には、「やむを得ない」措置とはいえないことになります。

3　実務上の対応

金融機関は、この2点を踏まえて、個別の事案ごとに利益衡量を行い、正当な理由に基づく特別な措置といえるかを慎重に検討することになります。

そして、正当な理由に基づき障がいのない人と異なる取扱いをせざるを得ない場合には、障がい者にその理由を説明したうえで、理解を得るように努めることが望ましいでしょう。

Question 9

障害者差別解消法8条にいう「合理的配慮」とはどういうことですか。その基本的考え方および具体例について教えてください。

1 「合理的配慮」の定義

　事業者は、障がい者から現に社会的障壁の除去を必要としている旨の意思の表明があった場合において、その障がい者の障がいの状態等に応じて、社会的障壁の除去の実施について必要かつ合理的な配慮をするよう努める義務を負っています。

　そこで、この「合理的配慮」とは、どのような配慮を指すのかが問題になります。

　この点、障害者権利条約2条は、合理的配慮について、「障害者が他の者との平等を基礎として全ての人権及び基本的自由を享有し、又は行使することを確保するための必要かつ適当な変更及び調整であって、特定の場合において必要とされるものであり、かつ、均衡を失した又は過度の負担を課さないもの」と定義しています。

　そして、障害者差別解消法に係る政府方針である基本方針もその定義を援用していますので、抽象的には、社会的障壁を除去するために必要かつ相当な措置であり、事業者が過度な負担を強いられない程度の配慮が合理的配慮であると説明できます。

2　合理的配慮の具体例とその対応

　基本方針は合理的配慮の例として、以下のようなものなどを挙げています（基本方針「第2・3・(1)・イ」）。
① 　車いす利用者のために段差に携帯スロープを渡す等の物理的環境への配慮
② 　筆談、手話等による意思疎通の配慮
③ 　障がいの特性に応じた休憩時間の調整等のルール・慣行の柔軟な変更

　なお、基本方針は、合理的配慮を必要とする障がい者が多数見込まれる場合等には、都度の合理的配慮ではなく、環境の整備も考慮することで、中・長期的なコストの削減・効率化につながると指摘しています。

　たとえば、上記①の例であれば、段差に恒常的なスロープを設置することで、都度の携帯スロープの設置の手間やそれに関する人員確保が省ける場合がこれに当たります。

　最後に、内閣府のホームページに合理的配慮の具体例を集めたサイトがありますので、是非一度、ご覧になってください（合理的配慮等具体例データ集（合理的配慮サーチ）http://www8.cao.go.jp/shougai/suishin/jirei/）。

Question 10

障がい者が事業者から不当な差別的対応を受けた場合や、差別に関する紛争に巻き込まれた場合、障害者差別解消法はどのような仕組みを用意しているのでしょうか。

1 障害者差別解消法における紛争解決

　不当差別等、障害者差別解消法に反する事業者の対応を受けた障がい者や、差別に関する紛争に巻き込まれた障がい者は、誰に相談をすればよいのでしょうか。障害者差別解消法は、これらについて、何か手当てを行っているのでしょうか。

　この点、障害者差別解消法の制定にあたって、障がい者からの相談や紛争解決を目的として新たに設置された機関はなく、既存の機関等の活用・充実を図る形での対応が予定されています。

2 国・地方公共団体における対応

　基本方針「第5・2」によれば、国および地方公共団体における相談窓口を明確にするとともに、相談や紛争解決などに対応する職員の業務の明確化・専門性の向上等を図ることにより、障がい者差別の解消の推進に資する体制を整備するとされています。

　これを受けて、各地方公共団体では、そのウェブサイトに障害者差別解消法に関するサイトを設置する等の対応を行っていますの

で、事業者から不当差別等を受けた障がい者は、総務省や居住する地方公共団体の担当窓口に相談をすることが考えられます。

3 金融機関における対応

　金融庁所管事業分野については、金融庁においては金融サービス利用者相談室が、各財務（支）局および沖縄総合事務局においては金融庁所管事業分野の業所管各課室が相談窓口とされています（金融庁対応指針「第6」参照）。

　障がい者がこうした窓口に相談を行い、不当差別等の実態があれば、行政が事業者に対する報告を求めたうえで、行政指導等を実施することが予定されています（この点はQ11も参照）。

4 法務省への人権相談

　障がい者の人権侵害を伴うような不当差別等については、法務省（地方法務局）に対する人権相談を行うことも考えられ、不当差別等により損害を被った場合等には、弁護士等の専門家に相談して、民事的救済の可能性を検討することになると考えられます。

Question 11

障害者差別解消法に違反した場合、どのような罰則が課せられますか。

1　事業者の報告義務と違反への措置

　障害者差別解消法には、事業者に対する直接的な刑罰規定は存在しません。
　他方、主務大臣は、事業者における不当差別禁止や合理的配慮提供義務の施行に関して、特に必要があると認めるときは、障害者差別解消法8条に基づき定める対応指針に定める事項について、事業者に対し、報告を求めることができます（障害者差別解消法12条）。これに対して、事業者が、報告をせず、または、虚偽の報告を行った場合には、20万円以下の過料に処せられます（同法26条）。
　なお、「特に必要があると認めるとき」とは、事業者による不当差別が頻発するなどして、事業者による自主的な改善が見込めないような場合を指すと考えられています（内閣府共生社会政策室統括官障害者施策「障害を理由とする差別の解消の推進に関する法律Q＆A集＜地方公共団体向け＞」問14－4）。

2　主務大臣による助言・指導・勧告

　主務大臣は、事業者から報告があった場合において、助言、指導または勧告をすることができるとされています（障害者差別解消法12条）。

② 差別解消への態勢整備

Question 12

障がいのあるお客さまに対する差別解消に向けて、金融機関行職員はどのような考え方・姿勢で取り組むべきでしょうか。

　本書の「1　障害者差別解消法の理解のために」では、障害者差別解消法が事業者一般に与える影響について検討しました。ここからは、金融機関を念頭に置いた検討をしていきます。

1　障がい者への利便性の向上

　金融庁は、2015年（平成27年）9月18日に公表した「平成27事務年度　金融行政方針」において、金融行政の目指す姿・重点施策として、『顧客の信頼・安心感の確保』を掲げ、その1つとして、障がい者の利便性向上を挙げています。

　具体的には、金融機関の窓口やATMを通じて、安全で利便性の高い金融サービスを利用できるようにするための施設・態勢の整備を強く促すことや、障がいを理由とする差別の解消の推進のため、金融機関に対し、2016年（平成28年）4月1日施行の障害者差別解消法や金融庁対応指針などに基づいた対応を適切に行っているか検証することになります。

　よって、各金融機関は、お客さまの信頼を損ねることのないよう、利用者保護・法令等遵守を徹底する観点からも、障害者差別解消法の推進を行っていくことが重要です。

2　障がいのあるお客さまに対する細やかな配慮

　金融機関は、市民にとって日常的に利用する機会が多い機関であり、市民の財産に関するサービスを提供するという点において重要な役割を担っています。

　また、市民の側から見た場合には、金融機関の提供するサービスやそれに関する事務が複雑・難解に映り、金融機関による積極的なサポートを必要とすることも多く、障がいのあるお客さまが来店した場合には、さらに細やかな配慮が必要になります。

3　金融機関職行員としての自覚をもった適切なサポート

　金融機関行職員は、自身が提供するサービスがこのような性質をもっていることを十分に自覚したうえで、障がいのあるお客さまに対して適切なサポートを提供することで、障がいのないお客さまと同等以上のサービスが提供できるよう、安心・信頼される金融機関を目指すことが求められるといえるでしょう。

【平成27事務年度　金融行政方針】

Ⅱ・3・②　障がい者や高齢者の利便性向上
　障がい者や高齢者も、金融機関の窓口やATMを通じて、安全で利便性の高い金融サービスを利用出来るようにするための施設・態勢の整備を強く促していく。また、障がいを理由とする差別の解消の推進のため、金融機関等に対し、平成28年4月の「障害を理由とする差別の解消の推進に関する法律」の施行を見据えた適切な対応を促していく。

Question 13

障がいのあるお客さまに対する差別解消に向けて、金融機関の本部ではどのような対応が必要でしょうか。

1 差別解消に向けた本部の役割と対応

　障害者差別解消法を踏まえた取組みは、金融機関全体で実施しなければなりません。このような観点から、金融機関の本部は、障がいのあるお客さまに対する差別解消や合理的配慮の提供に向けた全社的な対応方針を具体化し、現場（営業店等）での実践につなげていかなければなりません。

　障がい者対応に関して本部が検討すべき問題は、ハード・ソフト両面にわたります。

(1) ハード面

　ハード面としては、各営業店のバリアフリー化、障がい者が使用する書類のユニバーサルデザイン化、点字版の作成等が挙げられ、優先順位をつけて必要な対応を講じることになります。

(2) ソフト面

　ソフト面としては、行職員に対する啓蒙・研修や障がい者対応に係る内部ルールの見直し等が考えられます。

　こうしたハード・ソフト両面を総合的に充実させることで、ハー

ドで不足する部分はソフトで補えるようになり、障害者差別解消法の趣旨に則ったサービスの提供が可能になると考えます。

2　障がい者対応事例の集積と共有

　そのうえで重要なことは、本部において、各営業店における障がい者対応事例を集積し、それを組織全体で共有することではないかと思われます。

　すなわち、ある営業店において障がいのあるお客さまへの対応上の問題が発生した場合、それを当該営業店での出来事として終わらせずに、本部を経由して、他の営業店にも共有されるような仕組みづくりが肝要です。

　そのためにも、本部は、営業店における障がい者対応の実施状況を定期的に確認して、現場で生じた問題を蓄積して、将来に向けた改善策を検討していくことが大事といえるでしょう。

Question 14

障がいのあるお客さまへの対応に際して、営業店としてどのような準備が必要でしょうか。

Answer

1 差別解消における営業店の役割と対応

　Ｑ13で説明したとおり、金融機関における障がいのあるお客さまに対する差別解消の問題は、本部レベルの対応事項と営業店レベルでの対応事項があります。ただし、障がいのあるお客さまが日常的に利用するのは営業店であるのが一般的であり、営業店は、障がいのあるお客さま対応の「現場」といえます。

　いくら、本部で障がい者対応に関する充実したマニュアル等を作成したとしても、営業店がそれを使いこなせなければ、意味がありません。

　他方で、金融機関の営業店は、個々の店舗において、施設環境、スタッフ構成等は様々であり、障がいのあるお客さまへの対応も個々の営業店の実情に応じて対応する必要があります。

　かりに、建物の２階に有人窓口がある営業店に車いすの障がいのあるお客さまが来店し、同窓口での手続を希望した場合を想定してみましょう。

　このとき、当該建物に車いす対応のエレベーターがあるか否か、建物の１階に２階への誘導を行うスタッフが配置されているか否かによって、営業店がとるべき対応は大きく異なります。

そのため、営業店においては、大要、次のような準備が必要になると思われます。

> ① 様々な障がいのあるお客さまを想定して、来店から退店までに想定される社会的障壁をリストアップする。
> ② リストアップした結果を踏まえて、当該社会的障壁を解消するための措置について検討し、(可能な限り)営業店レベルでの対応方針を策定する（各営業店の実情を踏まえて現実的に可能な範囲で実施することになる）。
> ③ 対応方針が確実に実践されるように、スタッフに対する研修・教育を行う。

2　障がい者対応状況等の本部への報告

各営業店においては、定期的に、障がい者対応の実施状況や問題点を整理し、本部にも報告しながら改善を図っていくというプロセスが重要です。

また、各営業店に、障がいのあるお客さま対応の担当部署や責任者を設置して、継続的に取り組んでいくことも肝要です。

Question 15

営業店において、障がいのあるお客さまへの差別解消のためのユニバーサルデザイン化はどのようにすべきでしょうか。

Answer

1 ユニバーサルデザイン化にあたっての考え方

　金融機関の各営業店においては、Q14で説明した①〜③の手順に基づき、ハード・ソフト両面について、障がい者の差別解消に向けたユニバーサルデザイン化を進めていくことが求められます。

　「ユニバーサルデザイン化」という用語について明確な定義はありませんが、「障がいの有無を問わず、すべてのお客さまにとって利用しやすいハード・ソフト両面を構築すること」と理解していただければと思います。

　ユニバーサルデザイン化において問題となるのは、「どのような内容の対応をいつまでに行うのか」という点です。この点は、金融機関全体や当該営業店における実情を踏まえて総合的に判断し、過重な負担にならない範囲で実施することになります。

2 「過重な負担」の考え方

　基本方針「第2・3・(2)」は、過重な負担に関する基準として、
- 事務・事業への影響の程度(事務・事業の目的・内容・機能を損なうか否か)

●実現可能性の程度(物理的・技術的制約、人的・体制上の制約)
●費用・負担の程度
●事務・事業規模
●財政・財務状況

を挙げており(金融庁対応指針「第2・2・(4)」も同様です)、これらの基準に従って可能な範囲でユニバーサルデザイン化を進めていくことになります。

　なお、このうち、費用・負担については、Q9でも述べたように、合理的配慮を必要とする障がいのあるお客さまが多数見込まれる場合等には、その都度の合理的配慮を行うよりも、当該障がいのあるお客さまを前提とした環境整備を実施するほうが、事業者にとって中・長期的なコストの削減・効率化につながることもあります。

　ユニバーサルデザイン化の推進は、障がいのあるお客さまのみならず、障がいをもたないお客さまに対しても便宜となりうるものですから、過重な負担にならない範囲で積極的に検討されることが望ましいと考えます。

Question 16

金融機関は、過重な負担とならない範囲で障がいのあるお客さまに対して合理的配慮を提供する必要があるとのことですが、来店した障がいのあるお客さまのために、特別なスペースや部屋を設ける必要があるでしょうか。

Answer

1 営業店の規模による判断

　Q15で説明したとおり、事業者は、過重な負担とならない範囲で障がい者に対して合理的配慮を提供する必要があります。

　本設問について、結論からいえば、これは障がいのあるお客さまの障がい特性や当該店舗の規模如何により判断されるべき問題であり、特別なスペースや部屋を設けなかったことで、直ちに合理的配慮提供義務に違反したと評価されるわけではないと考えます。

　ただ、障がいのあるお客さまの要請に応じて、使用していない部屋等を提供するのが望ましいといえます。

2 設置例と合理的配慮の提供

　たとえば、車いす等の大型の器具を伴う障がいのあるお客さまが頻繁に来店する店舗において、その障がいのあるお客さまにとって通常窓口が利用しにくい状況を営業店としても認識しており、他

方、当該営業店には使用していない十二分な空きスペースがあり、車いす利用者が当該スペースを活用して窓口事務を受けられる場合において、そのような対応が、当該店舗にとって過重な負担を強いるものでない場合には、当該スペースを活用しないことが合理的配慮の不提供と評価されることもありえます。

　しかしながら、特別なスペースや部屋を設けなくても、案内係が障がいのあるお客さまに付き添って細やかなサポートをすることで、通常窓口を利用することによって生じる不便さが解消できるのであれば、金融機関として合理的配慮を提供したと法的に評価されるものと考えます。

　このように、対応可能な店舗については、障がいのあるお客さまのための特別なスペースや部屋を設置することも積極的に検討すべきですが、それが難しい場合には、それに代わる合理的配慮の提供を積極的に行うことが重要です。

Question 17

障がいのあるお客さまに向けたパンフレットや書類は、どういうものを作ればよいでしょうか。

Answer

1 パンフレット等作成の際の考え方

　金融機関では、店舗に様々なパンフレットが置いてあり、当該パンフレットを使用してお客さまへの説明を行うことが日常的に行われています。

　他方、障がいのあるお客さまの中には、障がいのためにパンフレットを利用できない方もいます。具体的には、パンフレットの記載を認識することが難しいお客さまと、パンフレットの記載自体は認識できるものの、その内容について十分に理解できない可能性があるお客さまの大きく2つが想定されます。

　このうち、前者については、たとえば、視覚障がい者向けの点字を利用したパンフレットの作成が考えられます。また、後者については、文字を大きくして、漢字にルビを付けたり、図表やイラストを多用したわかりやすいパンフレットを作成することが考えられます。

　ただし、パンフレットを点字化したり図表等を多用する場合には、必要な情報を削りすぎることで、障がいのあるお客さまに無用な誤解を与える可能性もあります。その意味では、障がいのあるお

客さま向けのパンフレットを作成した場合も、別途、スタッフが通常のパンフレットの内容を読み上げて説明する等の対応を行ったり、障がいのあるお客さまに同行した近親者にパンフレットの内容を説明する機会を設ける等して、正確な情報を提供することが重要になります。

2　費用負担とのかねあい

　障がいのあるお客さま向けパンフレットの作成は、どの程度実施する必要があるでしょうか。パンフレットに限らず、点字書類を作成するとなると、金融機関には相当程度の費用負担が発生しますが、この場合も過重な負担にならない範囲で対応すべきということになります。

　1つの考え方としては、障がいのあるお客さまの権利義務に特に関係する文書（たとえば、契約書等）について優先的に点字化することや、配布用パンフレットの点字化は難しくても各営業店において繰り返し使用することを想定した説明用パンフレットを点字化するといった対応も考えられます。

Question 18

金融機関が合理的配慮の提供を行う一環として、障がい者対応を専属で行う人員を確保する必要があるでしょうか。

Answer

1 障がい者対応人員の考え方

　この問題もＱ16・Ｑ17と同様、そのような対応が過重な負担とならないか、他の方法で適切に障がい者対応ができないかという観点で検討することになります。

　障がいのあるお客さまが来店した場合に必要なのは、障がいのあるお客さまに対する合理的配慮の提供であり、それをどのような人員で対応するかという点については様々な選択肢があります。

　すなわち、障がい者対応を専属で行う人員を確保する以外にも、既存の行職員に対する教育・研修を行う形で対応することも考えられます。

　たとえば、金融機関の各店舗には、フロア案内係を務める行職員がいることが多いですが、そうした行職員に対して障がい者対応に関する教育・研修を重点的に行うことが考えられます。そして、教育・研修の成果として、当該スタッフが適切に障がい者対応を実施できる限り、そのスタッフを障がい者対応に専属させる必要まではないと考えます。

2　障がい者対応の教育・研修の必要性

　障がい者差別解消に向けた取組みは、個々の行職員ではなく、金融機関が組織的に取り組むべき問題ですので、障がい者対応の教育・研修を広く行職員に行うことで、フロア案内係はもちろんのこと、フロア案内係から障がいのあるお客さまの誘導を受けた窓口係においても、そのお客さまに対する合理的配慮を尽くした対応を実施することが肝要です。

　つまり、各行職員が障害者差別解消法の趣旨と望ましい対応を適切に理解したうえで、相互に連携しながら、来店した障がいのあるお客さまの障がい特性に合った個別的な対応をすることが重要であるといえましょう。

Question 19

障がいのあるお客さまへの差別解消のための研修等は全員を対象として行う必要はありますか。それとも、窓口担当者等の一部の行職員だけでよいのでしょうか。

Answer

1 全行職員に対する研修

　事業者は、障がい者に対して適切に対応し、また、障がい者からの相談等に的確に対応するため、従業員に対する継続的な研修の実施等を行い、障がいに関する理解の促進を図ることが重要であるとされています（金融庁対応指針「第5」参照）。そのため、金融機関においては、障害者差別解消法を踏まえた行職員向けの研修を実施する必要があります。

　ここで、研修は、全行職員に対して実施しなければならないかが問題となりますが、結論としては、何らかの形で全行職員に実施することが望ましいと考えます。とりわけ、障がいのあるお客さまと実際にコミュニケーションをとることが多いのは、営業店のフロア案内係や窓口係と思われます。しかしながら、たとえば、金融機関において日常的に運用しているルールが社会的障壁になるような場合には、バックオフィスにいる行職員も含めてその対応を検討することになりますから、すべての行職員が障害者差別解消法の趣旨を適切に理解することで、金融機関として合理的配慮を提供すること

が可能になるのです。

2　フロア案内係・窓口係への優先的研修

　多数の行職員を抱える金融機関において、同時かつ同レベルの研修を行うことは現実に困難であることも多いと思われます。
　そのため、まず、フロア案内係や窓口係といった障がいのあるお客さまと直接コミュニケーションをする行職員を優先して研修を受けさせることも一案です。

3　外部研修の活用、資格取得の奨励

　研修に際しては、既存の外部研修等の活用や接遇に関する資格の取得の奨励等も含め、従業員が障がいのあるお客さまに対する適切な対応を習得できる効果的なものとなるよう検討することが望ましいとされています（金融庁対応指針「第5」参照）。

【金融庁対応指針】

第5　事業者における研修・啓発
　事業者は、障害者に対して適切に対応し、また、障害者等からの相談等に的確に対応するため、従業員に対する継続的な研修の実施や、啓発マニュアルの配付等を通じて、法の趣旨の普及を図るとともに、障害に関する理解の促進を図ることが重要である。
　したがって、研修等の企画に当たっては、法の趣旨や障害に関する理解を促す内容とするよう工夫するとともに、既存の外部研修等の活用や接遇に関連する資格の取得の奨励等を含め、従業員が障害者に対する適切な対応を習得できる効果的なものとなるよう検討することが望ましい。

Question 20

障がいのあるお客さまに配慮した店舗にするためには、改装費がかなりかかる場合もありますが、金融機関として、どこまで対応する必要があるのでしょうか。

Answer

1 過重な負担とならない範囲での対応

　障がいのあるお客さまにとって利用しやすい店舗を作るためには、たとえば、階段にスロープを設けたり、店舗内を改造して車いす専用の待合・窓口スペースを設けたりといったハード面の改修が必要になることがあります。
　その場合、多額の改装費がかかることも予想されますが、金融機関として、どこまで対応する必要があるのでしょうか。
　障害者差別解消法5条は、事業者が障がい者に対する合理的配慮を提供するために、自ら設置する施設の構造の改善および設備の整備等に努めなければならないことを定めています。
　ただし、Q15で説明したとおり、合理的配慮の提供は、過重な負担とならない範囲で実施することで問題はありません。
　過重な負担となるか否かの判断基準については、事業者の費用・負担の程度や財政・財務状況が考慮されることもすでに説明したとおりです。
　そのため、かけられるコストの範囲内で善処することが基本とな

り、収支状況が芳しくなく、改装費を負担することで経営に影響与えるような場合には、改装を実施しなかったからといって、直ちに、障害者差別解消法に抵触することにはなりません。

2 可能な範囲での合理的配慮の提供

　ただし、そのような場合にも、当該営業店で提供可能な範囲で合理的配慮を提供することが必要です。たとえば、階段にスロープがない場合には、簡易スロープを購入して、それを随時取り付けることができるようにするといった代替手段を検討することが必要です。

　障がいのあるお客さまに配慮したハード面の整備という観点では、「高齢者、障害者等の移動等の円滑化の促進に関する法律」（平成18年法律第91号。いわゆるバリアフリー法）もあり、金融機関としては、店舗運営における1つの改善項目として、障がいのあるお客さまの利用しやすい店舗運営を目指すことになろうかと思います。

Question 21

障がいのあるお客さまへの案内表示（ポスターのようなもの）は作ったほうがよいのでしょうか。また、作るとすればどのようなものを作ればよいのでしょうか。

▶▶▶ Answer ◀◀◀

1 案内表示の必要性

　金融機関が来店する障がいのあるお客さまに対して合理的配慮を提供するための体制を整えたとしても、障がいのあるお客さまにとっては、当該店舗でどのような合理的配慮が受けられるかがわからないことも予想されます。

　そのため、金融機関の各営業店においては、障がいのあるお客さま向けの案内表示やポスター等を充実させることにより、そのお客さまが合理的配慮にアクセスしやすい環境を整えることが重要です。

2 利用しやすい案内表示

　障がいのあるお客さまにとって利用しやすい案内表示とはどのようなものでしょうか。

　案内表示は、大きく、金融機関の施設やサービスに関するもの（たとえば、お客さまが希望するサービスの担当窓口の場所を伝えるもの等）と、障がいのあるお客さまへの合理的配慮の提供に関す

るもの（たとえば、行職員によるサポートを希望する場合には気軽に申し出ていただきたいというメッセージを記載するもの等）に分けられます。

3　具体的対応

　金融機関としては、このいずれについても、障がいのあるお客さまにとって目につきやすく、見やすいものを準備するのが望ましいでしょう。

　具体的には、案内表示に記載する文字は大きめを心がけ、簡潔でわかりやすい内容（漢字についてはルビを付けるなど）とすることが重要です。また、案内表示を掲示する場所は、店舗の入口や各窓口その他の目立つ場所が望ましいでしょう。

　なお、金融庁対応指針別紙「障害を理由とする不当な差別的取扱い及び合理的配慮の具体例」では、障がいのあるお客さまへの案内表示の例として、障がいのあるお客さまがコミュニケーションをしやすくするために、「筆談対応いたします」など、金融機関として可能な応対方法を案内するプレートを準備することを挙げており、これは上記の障がいのあるお客さまへの合理的配慮の提供に関する案内表示の一例といえます。

Question 22

障がいのあるお客さまに書いていただく書類は、すべて大きな文字でわかりやすい表現に作りかえる必要はあるでしょうか。

Answer

1　可能な範囲での対応

　金融機関に来店するお客さまの中には、視覚に障がいをもっているために、所定の書類の文字を判読することが困難である方や、知的障がいをもっているために、所定の書類の文言を容易に理解することが困難である方もいます。

　そのため、障がいのあるお客さまに記入を求める書類についても、可能な範囲で障がいのあるお客さまが利用しやすいものを用意することが望ましいといえます。

　しかしながら、金融機関所定の書類には、提供するサービスの性質上、わかりやすい表現で説明することが難しいものもありますし、既存書類をすべて作りかえるためには、相当なコストがかかることも想定されます。

　そのため、一般論としては、金融機関所定の書類についても、大きな文字でわかりやすい表現とすることが必要な書類について、可能な範囲で作りかえれば足りると考えます。

2　記入者の立場に立った合理的配慮

　金融機関所定の書類に関し重要となるのは、書類の記入に際して合理的配慮の提供を行うという点です。つまり、書類自体をわかりやすいものに変更できない場合には、フロア案内係や窓口係が時間をかけて丁寧に内容を説明したり、必要に応じて、記入の補助を行うことが肝要です。

　金融庁対応指針別紙「障害を理由とする不当な差別的取扱い及び合理的配慮の具体例」も、意思疎通に係る配慮の具体例として、障がいのあるお客さまに書類の記入を求める際に、記入方法等を本人の目の前で示したり、わかりやすい記述で伝達したりすることや、書類の内容や取引の性質等に照らして特段の問題がない場合に、自筆が困難な障がいのあるお客さまからの要望を受けて、本人の意思確認を適切に実施したうえで、代筆対応することを挙げています。

　このように、物的な整備を十分に行うことができない場合には、個別的なサポートでそれを補うことが重要です。

Question 23

筆談、あるいはわかりやすく説明するための携帯用ホワイトボードは、営業店に備え置くほうがよいでしょうか。

Answer

1　コミュニケーションツールの活用

　聴覚に障がいのあるお客さまや、発話に障がいのあるお客さまは、口頭でのコミュニケーションが難しい場合が予想されます。そのようなお客さまが来店したときに、重要なコミュニケーションツールとなるのが筆談です。

　金融庁対応指針別紙「障害を理由とする不当な差別的取扱い及び合理的配慮の具体例」も、意思疎通における配慮の具体例として以下のようなこと等を挙げ、筆談の活用を推奨しています。

① 聴覚に障がいのあるお客さまに対して、パンフレット等の資料を用いて説明し、筆談を交えて要望等の聞き取りや確認を行うこと

② 発話に障がいのあるお客さまに対して発話以外のコミュニケーション方法も選択できるようにすること

③ 説明会等で使用する資料等について、手話や筆談等の障がい特性に応じた多様なコミュニケーション手段を可能な範囲で用意して対応すること

　そのため、金融機関の各営業店においては、希望するお客さまに

2　差別解消への態勢整備

ついては積極的に筆談を活用するのが望ましいといえます。

2　携帯用ホワイトボードの備置き

　筆談をする際に便利なのが、文字を簡単に消して繰り返し使うことができるホワイトボードです。持ち運びができる携帯用ホワイトボードは比較的安価に購入することができるものですので、各営業店に複数個備え置くのが望ましいと考えます。
　なお、営業店に十分な数のホワイトボードを備え置けない場合も、それを理由に筆談を断るのではなく、適宜の方法で筆談対応するのが望ましいことは、いうまでもありません。

Question 24

障がいのあるお客さまへの相談窓口はどのようなもの(対面・電話・メール等)を設置すればよいでしょうか。また、相談窓口を実効性のあるものにするためには、どうしたらよいでしょうか。

Answer

1 相談窓口設置の必要性

　金融機関においては、来店した障がいのあるお客さまが社会的障壁に直面した場合等において、気軽に相談できる窓口を設置することが肝要です。

　金融庁対応指針「第4　事業者における相談体制の整備」も、障がいのあるお客さまおよびその家族その他の関係者からの相談に的確に対応するため、既存の顧客相談窓口の活用を含む相談体制の整備の必要性について述べています。

　具体的には、ホームページ等を活用して、相談窓口等に関する情報を周知することや、相談しやすさの観点から、対面以外にも、電話、ファックス、電子メール等の、障がい特性や事業者の業務・事務特性、ビジネスモデル等に応じた多様な手段を用意しておくことが望ましいとされています。

2　相談窓口の設置と実効性確保

　金融機関においては、たとえば、本部レベルでの相談窓口（電話、ファックス、電子メールで対応する窓口）と営業店レベルでの相談窓口（対面で対応する窓口）に分けて相談窓口を整備することが考えられます。

　ただし、相談窓口を整備しても、当該窓口において適切な対応ができなければ、ただ窓口を設けただけ、ということになりかねません。

　相談窓口を実効性あるものにするためには、そこに障がいのあるお客さまへの対応に関する知見を十分に有する人員を配置することが望ましいです（なお、研修についてはＱ19を参照）。

3　相談事例の共有・活用

　本部や各営業店に寄せられた相談事例については、蓄積・体系化したうえで本部や各営業店間で共有し、よりよいサービスの提供に向けて活用することも重要です（Ｑ13参照。ただし、相談者の個人情報やプライバシーの保護に留意が必要です）。

Question 25

相談窓口を担当する場合、どのような点に留意すべきでしょうか。

▶▶▶Answer◀◀◀

1　差別解消に理解のある人員の配置

　金融機関において、障がい者の相談窓口を整備することが重要であることは、Q24で説明しました。しかし、相談窓口を設けても、そこで実際に障がいのあるお客さまと接する担当者が適切な対応を行うことができなければ、相談窓口は機能しません。

　相談窓口の担当者は、障害者差別解消法の趣旨や障がいに関する深い理解のもと、必要かつ十分な研修等を受けるなどして、個々の障がいのあるお客さまの障がい特性に応じた適切な配慮を提供できるよう、調整を行う必要があります。

　担当者は、その障がいのあるお客さまが、金融機関において何を行おうとしているのか、それに関してどのような社会的障壁が生じているのか、その社会的障壁を除去するためにはどのような方策があるのか、という点を的確に理解できなければなりません。

2　相談者に対する真摯な対応

　金融機関内で、障がいのあるお客さまへの接遇に関するマニュアルを作成しているような場合、相談窓口の担当者は、その内容を踏まえて、合理的配慮の提供のための調整を行うことが必要です。

2　差別解消への態勢整備

　しかしながら、当該マニュアルが想定していないような場面もあるでしょうし、個々の場面によっては、当該マニュアルが示している解決策では十分ではない可能性もあります。

　よって、相談窓口の担当者は、マニュアルを尊重しつつも、相談窓口にアクセスした障がいのあるお客さまの求めに真摯に耳を傾けて、対応を検討することが肝要です。

　もちろん、相談窓口の担当者だけでは判断できないこともあるでしょうから、適宜、営業店の責任者や本部の担当者間でコミュニケーションをとりながら、個別的な対応ができるようにすることが重要であると考えます。

【金融庁対応指針】

第6　金融庁所管事業分野における相談窓口

　事業者からの本対応指針等に関する照会・相談については、金融庁においては業所管各課室を、各財務（支）局及び沖縄総合事務局においては金融庁所管事業分野の業所管各課室をそれぞれ相談窓口とする。

　また、障害者等からの事業者の対応等に関する相談については、金融庁においては金融サービス利用者相談室を、各財務（支）局及び沖縄総合事務局においては金融庁所管事業分野の業所管各課室をそれぞれ相談窓口とする。

Question 26

手話ができる行職員を養成する必要はありますか。

Answer

1 手話研修の実施

　金融機関による合理的配慮の提供は、障がいのあるお客さまからの社会的障壁の除去を求める意思の表明があった場合に行わなければなりませんが、そのような意思の表明が手話によって行われる可能性もあります。

　では、金融機関は、そのような事態を想定して、手話のできる行職員を養成する必要はあるのでしょうか。

　基本方針「第2・3・(1)」では、合理的配慮の一例として手話による意思疎通の配慮を挙げていますので、金融機関としても、たとえば、フロア案内係や対面での障がいのあるお客さまへの相談窓口（詳細はQ24・Q25を参照）の担当者に手話研修をさせる等して、手話が可能な行職員を養成するのが望ましいといえます。

2 外部の手話通訳者の活用

　とはいえ、手話を使いこなせるようになるには相当程度の時間がかかることも予想されますし、規模の小さな店舗などでは、従業員数の問題等により、そのような対応が困難である場合（過重な負担となる場合）も予想されます。

そのため、たとえば、１週間のうち特定日について、手話通訳者を外部から店舗に招いて行職員の業務の補助にあたってもらったり、本部に一定数の手話通訳者（これについても外部委託することが考えられます）を置いたうえで、インターネット回線等で各営業店と映像をつないで手話通訳を行うといった対応も考えられます。こうした対応も、過重な負担とならない範囲で、柔軟に対応することが重要です。

　なお、営業店において手話対応ができる行職員がいない場合において、お客さまから手話通訳者の同席を求められた場合には、特段の事情がない限り、同席を認めるのが望ましいと考えます（金融庁対応指針別紙「障害を理由とする不当な差別的取扱い及び合理的配慮の具体例」を参照）。

Question 27

障がいには様々なものがありますが、それぞれの障がいに関する知識を習得する必要はありますか。

▶▶▶ Answer ◀◀◀

1 障がいに関する正しい知識の習得

　障害者差別解消法の理念に基づき、不当差別の禁止を徹底し、合理的配慮の提供を適切に行うためには、障がいや社会的障壁に関する正しい知識をもつことが重要です。

　基本方針も、障がい者差別については、国民1人ひとりの障がいに関する知識・理解の不足、意識の偏りに起因する面が大きいと考えられることから、内閣府を中心に、関係行政機関と連携して、各種啓発活動に積極的に取り組み、国民各層の障がいに関する理解を促進すると述べ、啓発活動の重要性を強調しています（基本方針「第5・3・(2)」）。

　そして、このような啓発活動の一環として、Q19で述べたような、事業者の従業員に対する研修が重要です。金融庁対応指針「第5」では、外見から判別困難な障がいを含め、多様な障がい者に対応できるような研修内容になるよう配慮することが必要であるとしています。

2　内部研修の実施およびマニュアルの作成

　金融機関としても、障がいには様々な種類があることと、個々の障がいによって提供すべき合理的配慮の内容が異なることを行職員にきちんと理解してもらえるような内容の内部研修の実施をしたり、対応マニュアルを作成したりすることが重要です。

　なお、個々の行職員が、1度の研修等で障がいに関する知識を完璧に習得することは現実的に難しい側面もあります。そのため、内部研修やマニュアルの改訂を定期的に行ったり、障がいのあるお客さまへの対応で参考になる事例があればそれを金融機関全体で共有するなど、継続的な研修・啓発が大切です。

【基本方針】

第5・3・(2)　事業者における研修

　事業者においては、障害者に対して適切に対応し、また、障害者及びその家族その他の関係者からの相談等に的確に対応するため、研修等を通じて、法の趣旨の普及を図るとともに、障害に関する理解の促進に努めるものとする。

③ 障がいのあるお客さまへの対応

Question 28

障がいのあるお客さまが来店した場合、どのように対応すべきでしょうか。基本的な考え方・対応を教えてください。

Answer

1 障がいのあるお客さまへの基本的対応

　金融機関が、障がいのあるお客さまに対する合理的配慮を提供するためには、何より、来店時における対応が重要となります。

　来店時において、障がいのあるお客さまであることが推知できる場合には、店舗における担当者（フロア案内係や障がい者担当係等）から、障がいのあるお客さまに積極的に声をかけることが重要です。

　そのうえで、担当者は、障がいのあるお客さまに対して、来店目的を確認したうえで、そのお客さまの障がい特性を踏まえたサポート希望の有無とその内容を尋ね、適宜、誘導することが重要です（金融庁対応指針別紙「障害を理由とする不当な差別的取扱い及び合理的配慮の具体例　2　合理的配慮の具体例」参照）。

　なお、Q7でも説明したとおり、合理的配慮を尽くす観点から、プライバシーの侵害とならない範囲で、障がいのあるお客さまに対して障がい特性等を確認することは問題ありません。

　他方、来店時において、障がいのあるお客さまであるかが推知できない場合には、担当者が速やかに声をかけることは現実的には

難しい側面があります。

ただ、そうした障がいのあるお客さまに対して適切に合理的配慮を提供できるよう、Q21で述べた案内表示を店舗入口その他の目につきやすいところに掲示することが肝要です。

2　障害者対応フローおよび役割分担の整備

次に、障がいのあるお客さまを窓口等に誘導した後の対応ですが、担当者としては、窓口係に対して、当該障がいのあるお客さまの来店目的と希望するサポートの内容を適切に伝達することが必要です。そして、窓口係のみでは、適切なサポートの実施が難しい場合には、引き続き、来店時に声をかけた担当者（または、それに代わる担当者）がそのお客さまに付き添って、合理的配慮を提供することが重要です。

窓口での手続等が完了し、障がいのあるお客さまの目的が達成できた後は、退店のために必要なサポート（たとえば、歩行に支障があるお客さまが安全に退店できるように誘導する等）を行うことも必要となります。

以上述べたような観点から、各営業店においては、営業店内における障がいのあるお客さまへの対応フローや役割分担をあらかじめ整理しておくことが重要といえるでしょう。

Question 29

障がいのあるお客さまと円滑なコミュニケーションをとる方法として、どのようなものが考えられるでしょうか。また、その際、どのような点に気を付けたらよいでしょうか。

▶▶▶ Answer ◀◀◀

1 個々の状況に応じた適切な対応

　障がいのあるお客さまに対して合理的配慮を提供するためには、そのお客さまの意思や希望を的確に理解することが重要です。その前提として、金融機関は、障がいのあるお客さまと円滑なコミュニケーションをとる必要がありますが、具体的にどのような方法でコミュニケーションをとればよいでしょうか。

　金融庁対応指針は、障がいのあるお客さまによる意思の表明の方法に関して、言語（手話を含む）のほか、点字、拡大文字、筆談、実物の提示や身振りサイン等による合図、触覚による意思伝達を挙げており（金融庁対応指針「第2・2・(2)」）、こうしたコミュニケーション方法を積極的に用いることが望ましいといえます。

　また、これら以外にも、絵記号、文字や音声を利用して直感的に操作できるコミュニケーションボードやタブレット端末を店舗に備え置いて、障がいのあるお客さまと意思疎通を図ることも考えられます。

　これらのコミュニケーションの方法のうち、いずれが適切かは、来店した障がいのあるお客さまの障がい特性を踏まえて、個別的に

検討することになります。

2　障がいのあるお客さまの立場に立った丁寧な対応

　こうした方法によりコミュニケーションをとる場合にも、疑義のない明確な表現を心がけ、かつ、時間をかけて丁寧な対応をすることが重要です。

　前者は、たとえば、時間表記については午前・午後を明記するといった対応が考えられます。

　後者については、障がいのあるお客さまが説明内容を正確に理解しているかを都度確認し、必要に応じて、再度の説明を行うといった対応が考えられます。

　また、障がいのあるお客さま自身がその家族に対する説明を希望するような場合には、可能な範囲で連絡を行う等、丁寧かつ柔軟に対応するようにしましょう。

【基本方針】

第2・3・(1)・ウ　意思の表明に当たっては、具体的場面において、社会的障壁の除去に関する配慮を必要としている状況にあることを言語（手話を含む。）のほか、点字、拡大文字、筆談、実物の提示や身振りサイン等による合図、触覚による意思伝達など、障害者が他人とコミュニケーションを図る際に必要な手段（通訳を介するものを含む。）により伝えられる。

　また、障害者からの意思表明のみでなく、知的障害や精神障害（発達障害を含む。）等により本人の意思表明が困難な場合には、障害者の家族、介助者等、コミュニケーションを支援する者が本人を補佐して行う意思の表明も含む。

Question 30

聴覚障がいのあるお客さまが来店した場合、どのように対応すべきでしょうか。

Answer

1　聴覚障がいに対する理解

　聴覚に障がいをもつお客さまは、音が聞こえない、または音が聞こえづらいこと等により、金融機関でサービスを受けるにあたって困難を感じる場合があります。

　たとえば、金融機関の窓口において自分の順番を待っている場合、番号や名前で呼ばれても、それに気付かないまま待ちぼうけしてしまう、ということが考えられます。

　また、窓口で、自分が希望するサービスについて説明を受ける際、サービスの内容が複雑であるため、窓口担当者が文字や図等を駆使しても、そのサービスについてうまく理解できないということもあるかもしれません。

　では、こうした場面に備えて、金融機関は、どのように対応すべきでしょうか。

　まず、ハード面の対応として、視覚的なサポートを充実させることが肝要です。

2　聴覚がいのあるお客さまに対する具体的対応

　現在、多くの金融機関の窓口では、順番が到来した受付番号を電

3　障がいのあるお客さまへの対応

光掲示により知らせるということが一般的に行われていますが、それをもっと見やすく大きなものにするといったことが考えられます。

また、聴覚障がいのあるお客さまには、順番が来た場合に振動で伝える装置を渡すといったことも考えられます。

それ以外にも、Q21で述べたような案内表示を活用することで、障がいのあるお客さまが合理的配慮にアクセスしやすい環境を整えることが肝要です。

さらに、フロア案内係が、聴覚障がいのあるお客さまの来店を認識した場合には、適宜、声をかけてサポートを申し出るとともに、窓口係と連携して、そのお客さまを窓口まで誘導するといった対応が重要です。

また、Q26で述べたとおり、営業店に手話対応が可能な行職員がいる場合には、その旨を伝えて、積極的な手話対応を試みたり、視覚でコミュニケーションができるツール（ホワイトボードでの筆談やコミュニケーションボード等）を活用することで、さらに円滑なコミュニケーションが可能になると思われます。

Question 31

視覚障がいのあるお客さまが来店した場合、どのように対応すべきでしょうか。

▶▶▶ Answer ◀◀◀

1 視覚障がいに対する理解

　視覚に障がいのあるお客さまが来店した場合、金融機関としては、そのお客さまが退店するまでの間、店舗内を安全に移動できるように配慮することが何よりも重要です。

　視覚障がい者は、店舗の構造や店舗内のどこに何があるのかといった点を十分に把握できない可能性があるため、たとえば、上がる必要のない階段を上がってしまったり、ATMに並ぶお客さまに気付かず接触して転倒してしまう可能性もあります。

　そのため、視覚障がいのあるお客さまが来店した場合には、フロア案内係等が視覚障がいのあるお客さまに声をかけたうえで、付き添って必要な誘導を行い、店舗内の危険源から遠ざけることが重要です。

2 視覚障がいのあるお客さまに対する具体的対応

　この観点からいえば、各店舗においては、視覚障がいのあるお客さまが来店した場合に転倒等の危険が予測される場所をあらかじめ把握しておくことが肝要といえます。

　また、階段等への手すりの設置や視覚障がい者対応ATMの設置

等のハード面の整備が未了の店舗については、過重な負担にならない範囲で、その整備を検討することも必要です。

　次に、サービスの提供に関しては、聴覚、触覚によるコミュニケーションを積極的に活用することが肝要です。音声ガイドや点字パンフレット（Q17参照）といったツールがあればもちろんのこと、それがない場合にも、書類を代読する等の対応により、サービスの内容を視覚障がいのあるお客さまに正確に理解してもらうことが重要です。

　また、金融機関においては、お客さまに所定書類への記入を求めることが多いですが、その際も、担当者が必要な介助をしたり、一定の場合には代筆（Q40参照）をする等、柔軟に対応することで、合理的配慮を尽くすことができます。

Question 32

言語障がいのあるお客さまが来店した場合、どのように対応すべきでしょうか。

▶▶▶ Answer ◀◀◀

1 言語障がいに対する理解

言語障がいにも様々な程度がありますが、障害者差別解消法との関係では、特に、自己の伝えたいことを口頭でうまく伝えられないために、社会的障壁の除去を希望する旨の意思表明を適切に行うことができないお客さまがいることを理解しなければなりません。

この点、金融庁対応指針は、障がいのあるお客さまからの意思の表明は、具体的場面において、言語(手話を含みます)のほか、筆談、実物の提示や身振りサイン等による合図、触覚による意思伝達等により行われるとされています(金融庁対応指針「第2・2・(2)」参照)。

2 言語障がいのあるお客さまに対する具体的対応

各営業店においては、言語障がいのあるお客さまが来店した際には、こうしたコミュニケーション方法の活用を積極的に提案するとともに、それを安易にするハード面の整備(たとえば、筆談用のホワイトボードの設置等。Q23参照)を行うことが肝要です。

ただし、言語障がいのあるお客さまが、当該営業店においてこうしたコミュニケーション方法が利用できることを認識できないと、

合理的配慮の提供を受ける機会自体を逃してしまう可能性があります。

　そのため、たとえば、各店舗の入口や窓口等の目立つ位置に、当該店舗において上記のようなコミュニケーション方法が利用できる旨を掲示することが重要です。

　なお、言語以外のコミュニケーション方法を活用することも重要ですが、たとえば、吃音症等の会話自体が可能な障がいの場合には、その障がい特性を理解したうえで、お客さまが言い終えるまでゆっくりと待つことも大切です（金融庁対応指針別紙「2　合理的配慮の具体例」参照）。

　口頭でのコミュニケーションは、筆談や身振りサインではうまく表現できないニュアンスを伝えることを可能にしますので、吃音症等のお客さま本人が他のコミュニケーション方法を希望しないときは、ゆっくりと対話することが望ましいでしょう。

Question 33

知的障がいのあるお客さまが来店した場合、どのように対応すべきでしょうか。

Answer

1　知的障がいに対する理解

　知的障がいのあるお客さまが来店した場合、そもそも金融機関として、障がいの存在に気付くことができない場合も多いと思われます。

　知的障がいのあるお客さまの側から、自身の障がいについて説明があった場合は別として、そうでない場合には、知的障がいのあるお客さまであることを認識できないまま対応してしまうことも予想されます。

　その一方で、金融機関が提供するサービスには複雑なものもあり、知的障がいのあるお客さまにとって、その内容を理解することが容易でない場合も想定されます。

　そのため、金融機関がきちんとサービスの内容を説明して、お客さまの理解を得るように努めなければ、後日のトラブルに発展してしまう可能性もあります。

　この意味においては、知的障がいのあるお客さまに限ったものではありませんが、店舗において、丁寧かつ、わかりやすい対応を心がけることが何より肝要です。

2　知的障がいのあるお客さまに対する具体的対応

　金融庁対応指針も、「明確に、分かりやすい言葉で、ゆっくり、丁寧に、繰り返し説明し、対応時間の制限などを設けることなく、内容が理解されたことを確認しながら応対するなど顧客に合わせた配慮をする。また、説明に当たっては、馴染みのない外来語は避ける、時刻は午前・午後といった説明を加える、比喩や暗喩、二重否定表現は用いないなど、あいまいな表現を避け、分かりやすい表現で説明を行う」、「書類記入の依頼時に、記入方法等を本人の目の前で示したり、分かりやすい記述で伝達したりする」ことを合理的配慮の具体例としており（金融庁対応指針別紙「障害を理由とする不当な差別的取扱い及び合理的配慮の具体例」）、参考になります。

　なお、担当者が合理的配慮を尽くして丁寧に説明するも、知的障がいのあるお客さまがその内容を十分に理解していないと思われる場合にどのように対応するかは難しい問題です。

　最終的には、個別事案ごとに対応を決めるほかありませんが、この点は、Q36で改めて説明します。

Question 34

パニック障がい・適応障がい等精神障がいのあるお客さまが来店した場合、どのように対応すべきでしょうか。

Answer

1 精神障がいに対する理解

　精神障がいの特性は様々であると考えられます。精神障がいをもっていても、来店時にはその特性が現れず、問題なくサービスの提供を受けたうえで帰宅する方もいるでしょうし、店舗において、突然その特性が現れて、帰宅することが困難になる方もいるかもしれません。
　そのため、精神障がいは、個々の障がいのあるお客さまの個別的事情を踏まえて、その意思に沿った形で合理的配慮を提供することが求められる障がい類型といえるでしょう。

2 精神障がいのあるお客さまに対する具体的対応

　この観点で検討したときに一番重要なのは、精神障がいのあるお客さまとのコミュニケーションのとり方です。つまり、対応する担当者には、個々の障がいのあるお客さまのペースに従って来店目的や希望を確認したうえで、丁寧かつ、わかりやすい説明を心がけ、精神障がい者が店舗内で平穏な気持ちで過ごせるように配慮をすることが求められます。

また、店舗内で精神障がいの特性が現れた場合には、当該店舗において可能な範囲で柔軟な対応を行うことも重要です。

　たとえば、パニック障がいをもつお客さまが、手続の途中で突然パニック症状を起こした場合には、手続をいったん中断したうえで休憩の場所を提供し、状況が落ち着いてから手続を再開するといった対応が望ましいでしょう。

　可能であれば、窓口ではなく、当該休憩場所において手続を行うといった個別的な対応を行うことも考えられます。

　なお、精神障がいのあるお客さまについては、外見からだけでは障がいがあることに気付かないことも多く、その結果、当該お客さまが合理的配慮の提供を十分に受けられないことも予想されます。

　そのため、各営業店においては、困っていたり、不安そうな顔をしているお客さまがいた場合には、適宜声をかけるようにし、精神障がい者がサポートを受けやすい環境を意識的に作っていくことが重要です。

Question 35

車いすのお客さまやステッキをもったお客さまが来店した場合、どのように対応すべきでしょうか。

Answer

1 足が不自由な方に対する適切なサポート

足が不自由なお客さまが来店した場合、金融機関には、どのような対応が求められるでしょうか。

基本的には、障がいのあるお客さまの障がいの程度や当該店舗の構造・設備に応じて、必要なサポートを行うことが必要になります。

2 車いすのお客さまへの対応

車いすで来店したお客さまについては、車いすのまま目的とする窓口にたどり着くためのサポートが必要になります。

たとえば、店舗入り口に階段しかない場合には、簡易スロープを設置したり、簡易スロープもない場合には、行職員で車いすをもち上げるといった補助が必要になります。

次に、窓口における障壁を除去する必要があります。

たとえば、パーテーション等で仕切られる相談窓口が狭く、車いすのままでは窓口係と会話もできないということがあるかもしれません（なお、Q43も併せて参照）。

3　障がいのあるお客さまへの対応

　そのような場合には、窓口外で手続ができるような配慮や車いすのお客さまのための待合スペースの確保も検討する必要があるでしょう。

3　ステッキで来店したお客さまへの対応

　ステッキを使用して来店したお客さまについては、目的とする場所へ移動するまでに転倒しないよう、フロア案内係等がサポートをする必要があります。こうした配慮は、雨や雪等により足元が滑りやすい日には特に必要になるでしょう。
　また、たとえば、ステッキを使用しているお客さまがATMを利用する場合に、ATMでの手続が終わるまでの間、その傍らでステッキをもって待つというサポートが必要になる場面もあろうかと思います（ATM付近にステッキを一時的に置く場所を設置することも考えられます）。
　このように、足が不自由なお客さまについては、安全に店舗内を移動するためのサポートを第一とし、そのうえで、店内での各種サービスを円滑に受けるためのサポートを行うという考えで、合理的配慮を提供することが考えられます。

Question 36

合理的配慮の提供について、自らの意思を表明することが困難な障がいのあるお客さまが来店した場合、金融機関としてはどのようにしてその意思をくみとったらよいでしょうか。

Answer

1 障がいのあるお客さまのほかに介助者がいる場合

　知的障がいや精神障がいをもつお客さまの中には、自分自身で意思を表明することが困難な方もいます。

　この点、金融庁対応指針は、社会的障壁の除去を求める意思の表明は、障がいのあるお客さま本人のみならず、その家族、介助者等、コミュニケーションを支援する者が本人を補佐して行う意思の表明も含む、としています（金融庁対応指針「第2・2・(2)」）。

　したがって、障がいのあるお客さまが、その家族や介助者等とともに来店した場合には、その家族や介助者等の意思をもって障がいのあるお客さま本人の意思と受けとめて、合理的配慮を提供することが考えられます。

　ただし、その場合には、家族等から表明された意思が、障がいのあるお客さま本人の真意から離れたものでないかを慎重に判断することが必要です（金融庁対応指針「第2・2・(2)」）。

家族等から社会的障壁の除去に関する意思の表明があった場合には、その家族等に、普段はどのような形で社会的障壁を除去しているのかを確認したうえで、それと同種のサポートを提供することが考えられます。

2　障がいのあるお客さまが1人で来店した場合

　障がいのあるお客さまが1人で来店し、その方以外に意思の表明を行う人がいない場合はどうしたらよいでしょうか。

　この場合は、障がいのあるお客さまから明確な意思の表明がない場合であっても、そのお客さまが社会的障壁の除去を必要としていることが状況等に照らして明らかであれば、そのお客さまに対し、適切と思われる配慮を提案するために建設的対話を働きかけるなど、自主的な取組みに努めることが必要です（金融庁対応指針「第2・2・(2)」）。

　なお、対話を働きかけるも十分なコミュニケーションがとれず、金融機関としてそのままサービスを提供することが困難な場合には、障がいのあるお客さま本人の同意を得て、家族等に連絡をとって適切な対応方法について助言を求めたほうがよい場合もあるかもしれません。

　金融機関としては、障がいのあるお客さまから明示的な意思の表明がない場合にも、個別の状況を踏まえて、柔軟に合理的配慮を提供する心構えをもつことが重要です。

Question 37

障がいがあると思われるお客さまに対して、障がいの状況を具体的に聞くことはプライバシーの侵害にならないのでしょうか。

Answer

1 障がいの状況確認とプライバシーへの配慮

　金融機関が、障がいのあるお客さまに合理的配慮を提供する場合において、どのような合理的配慮を提供すべきかは、個々の障がいのあるお客さまの障がいの種類やその軽重により様々です。

　そのため、金融機関が、障がいのあるお客さまに対して合理的配慮を提供するためには、障がいのあるお客さまの具体的な状況を把握することが重要になってきます。

　では、金融機関が、障がいのあるお客さまに対して、障がいの具体的内容やその程度を尋ねることに法的な問題はないのでしょうか。

　この点、金融庁対応指針は、不当差別の禁止に関して、合理的配慮を提供するために必要な範囲で、プライバシーに配慮しつつ障がいのあるお客さまに障がいの状況等を確認することは、不当な差別的取扱いには当たらないと説明しています（金融庁対応指針「第2・1・(1)」）。

　つまり、障がいのあるお客さまのプライバシーを侵害しない限りは、金融機関が障がいのあるお客さまに障がいの状況を尋ねること

は可能です。

2 プライバシー侵害となる場合

　どのような場合にプライバシー侵害であると評価されるかですが、たとえば、障がいの内容がどのようなものであり、店舗内でどのような行動に及んだときに社会的障壁があるのか、という確認にとどまる場合には、プライバシー侵害という評価を受けることは考えにくいでしょう。

　しかし、それを超えて、障がいをもつに至った原因・経緯等といった、センシティブであり、かつ、合理的配慮の提供に直接関係のない情報を尋ねた場合には、プライバシー侵害と評価される可能性があります。

　金融機関に求められるのは、来店した障がいのあるお客さまに対して合理的配慮を提供することですので、その目的を達するために必要かつ合理的な範囲で、障がいの状況を確認することが重要です。

Question 38

障がいのあるお客さまへの配慮として、営業店内での順番待ちを障がいのないお客さまより優先して対応することは、障がいのあるお客さまに対する「特別扱い」に当たるとして、問題にならないでしょうか。

Answer

1 障がいのあるお客さまに対する積極的改善措置

　障がいのあるお客さまと障がいのないお客さまは、いずれも、金融機関のお客さまという意味においては、同じ立場です。

　障がいのあるお客さまを障がいのない人より優先的に取り扱うことは、一般に、積極的改善措置（affirmative action）とよばれていますが、金融機関が、障害者差別解消法の目的のもと、積極的改善措置を行ったとしても、障がいのあるお客さまに対する不当差別には当たらないと考えられています（金融庁対応指針「第2・1・(1)」）。

　そのため、営業店内における順番待ちにおいて、障がいをもつお客さまを障がいのないお客さまに優先して案内したとしても、法的には問題はありません。金融庁対応指針別紙も、周囲の者の理解を得たうえで手続順を入れ替えることを、合理的配慮の例（ルール・慣行の柔軟な変更の例）として挙げています。

2　積極的改善措置を行う場合の留意点

　各営業店において積極的改善措置をスムーズに実施する場合には、次のような点に留意するようにしましょう。

　まず、障がいのあるお客さま自身が、積極的改善措置を特段希望していない（障がいのないお客さまと同様の対応を希望する）こともあるでしょうから、積極的改善措置を希望するか否かを、まず障がいのあるお客さま自身に確認してから、具体的な措置を実施することが重要です。

　また、障がいのあるお客さまを優先することは、逆にいえば、障がいをもたないお客さまを劣後させることを意味します。そのため、窓口付近に、「障がいをもつお客さまのご負担を踏まえ、優先的にご案内させていただくことがありますので、ご理解とご協力をお願いいたします」といった掲示を行う等して、障がいをもたないお客さまの理解を得るように努めることも大切です。

Question 39

障がいのあるお客さまが補助犬を連れて来店した場合、金融機関としては、どのように対応すべきでしょうか。補助犬を同伴していることを理由に、入店を拒否するといった対応に問題はないのでしょうか。

Answer

1 補助犬に対する理解

　障がいのあるお客さまが補助犬とともに来店した場合、金融機関としては、どのように対応すべきでしょうか。補助犬を同伴していることを理由に、入店を拒否するといった対応に問題はないのでしょうか。

　補助犬は、障がい者をサポートするための特別な訓練を受けた犬であり、障がい者の歩行、物の運搬、ドアの開閉、衣類の着脱、音源への誘導等のサポートをする、障がい者の身体の一部ともいえる存在です。

　わが国には、身体障害者補助犬法という法律があり、盲導犬、介助犬、聴導犬という3種類が定義されています（身体障害者補助犬法2条1項）。

　そのうえで、身体障害者補助犬法9条は、「不特定かつ多数の者が利用する施設を管理する者は、当該施設を身体障害者が利用する場

合において身体障害者補助犬を同伴することを拒んではならない。ただし、身体障害者補助犬の同伴により当該施設に著しい損害が発生し、又は当該施設を利用する者が著しい損害を受けるおそれがある場合その他のやむを得ない理由がある場合は、この限りでない」と定めています。

　また、金融庁対応指針別紙「1　不当な差別的取扱いに当たりうる具体例」は、身体障害者補助犬を連れていることを理由として、入店を拒否することは不当な差別的取扱いに当たるとしています。

2　補助犬とともに来店した場合

　上記から、金融機関としては、障がいのあるお客さまが補助犬を同伴して来店した場合、その入店を積極的に受け入れたうえで、合理的配慮を提供する観点から、補助犬では補いきれないサポートを行うことが重要です。

　なお、犬の苦手なお客さまが突然の同伴に驚かないように、補助犬の同伴を受け入れている旨を店舗入口等に掲示することも一案です。

Question 40

手が不自由なお客さまから代筆を依頼された場合、どのように対応すべきでしょうか。

Answer

1 代筆の基本的考え方

　金融機関では、各種サービスの申込書その他の書類の作成が日常的に行われています。障がいのあるお客さまの中には、自ら書類を作成することが困難な方もいます。

　本来的にはお客さま自身による記入が想定されている書類について、障がいのあるお客さまから金融機関の行職員に代筆を求められる場合があります。

　この点、金融庁対応指針別紙「2　合理的配慮の具体例」は、書類の内容や取引の性質等に照らして特段の問題がないと認められる場合に、自筆が困難な障がいのあるお客さまからの要請を受けて、本人の意思確認を適切にしたうえで、代筆対応することを、合理的配慮提供の例として挙げています。

　重要なのは、「書類の内容や取引の性質等に照らして特段の問題がない場合」に限られるということであり、たとえば、窓口の行職員でも通常関知できないような内容について安易に代筆することは適切ではありません。

　また、代筆を行うに際しては、障がいのあるお客さまが真に代筆を希望していることの意思確認が重要になってきます。

2 代筆の際の心構えとルールの遵守

　代筆に関する具体的な心構えについては、金融庁の「主要行等向けの総合的な監督指針」および「中小・地域金融機関向けの総合的な監督指針」が参考になります。

　金融庁は、両監督指針「障がい者等に配慮した金融サービスの提供」の「自筆が困難な障がい者等への代筆について」において、自筆困難者から口頭で預金口座開設等の申込みがあった場合について、自筆困難者の保護を図ったうえで、代筆を可能とする旨の社内規則を整備し、十分な対応をしているか、という観点で監督を行う旨を述べています（主要行等向けの総合的な監督指針Ⅲ—6—4—2(2)①、中小・地域金融機関向けの総合的な監督指針Ⅱ—8—2(2)①）。

　具体的には、金融機関の行職員が代筆する場合には、複数の行職員が確認して十分なチェックを行うこと等の重要性について述べており、これは、金融機関以外にも通ずる考えといえるでしょう。

　このような金融庁の監督指針も踏まえつつ、各金融機関において代筆対応ルールをまとめ、それに従った運用をすることが重要です。

Question 41

障がいのあるお客さまとのコミュニケーション方法として筆談や読み上げを選択した場合、どのような点に気を付けるべきでしょうか。

Answer

Q29で述べたとおり、障がいのあるお客さまとコミュニケーションをとる方法は様々であり、金融機関としては、個々の障がいのあるお客さまの障がい特性を踏まえて、最適な方法を選択することが重要です。

では、障がいのあるお客さまとのコミュニケーション方法として筆談や読み上げを選択した場合、どのような点に気を付けるべきでしょうか。

1 筆談の際の留意点

(1) 筆談のメリット・デメリット

筆談は、口頭でのコミュニケーションの代わりになるものですが、文字情報が断片的である場合には障がいのあるお客さまに正確な情報が伝わらず、また、口頭の場合に比べて、そのニュアンスが伝わりにくいという側面があります。また、筆談が得意な行職員と苦手な行職員では、説明に要する時間も大きく変わることが予想されます。

このような観点からは、筆談の対象となっているサービスに関す

るパンフレット等があれば、それを積極的に用いて、筆談は補助的に活用することで、障がいのあるお客さまに対して正確かつ効率的に説明を行うことが可能になると思われます。

(2) 筆談の際の具体的留意点

筆談に際しては、大きな文字で明確に書くことを心がけるとともに、正確性が強く求められる情報については、記号等による省略的な記載を避けることが重要です（筆談に用いるホワイトボードの設置の要否については、Q23を参照）。

2 読み上げの際の具体的留意点

読み上げをする場合は、障がいのあるお客さまが聴き取りやすいよう、ゆっくり、明確に説明をすることが基本になります。

たとえば、段落ごとに説明を区切り、障がいのあるお客さまの理解・納得を確認したうえで、次の段落に進むといった対応が望ましいでしょう。

また、文章とともに図表等が記載されている書面を読み上げる場合には、当該図表の内容を言葉に置き換えて説明することも重要です。

Question 42

知的障がいのあるお客さまから振込をしたいといわれた際、説明しても理解できないと思い、「ご家族の方と同伴で来店してください」と言いましたが、問題ないでしょうか。

Answer

1 設問のような場合の留意点

　金融機関がサービスを提供する際、お客さまがそのサービスの内容をきちんと理解していないと後日のトラブルになる可能性があります。

　知的障がいのあるお客さまから振込の依頼を受けた場合、担当者は、振込内容を正確に理解できていない可能性があるという判断に基づき、そのお客さまに対し、家族同伴での再来店を求めることができるかが問題となります。

　金融庁対応指針別紙は、「1　不当な差別的取扱いに当たりうる具体例」として、「事業の遂行上、特に必要ではないにも関わらず、障害を理由として、来訪の際に付添い者の同行を求めるなどの条件を付ける」ことを挙げています。

　この考え方は、知的障がいのあるお客さまにも妥当するものですので、振込手続を実行するのに特に必要性がないにもかかわらず、家族との再来店を求めることは不当差別に該当する可能性があります。

したがって、知的障がいのあるお客さまに安易に再来店を求めることには問題があります。

　そのため、Q33で説明したとおり、金融機関の担当者としては平易な言葉でゆっくり丁寧に説明を行って、その障がいのあるお客さまが振込の内容をきちんと理解しているかを確認しながら対応することが必要になります。

2　複数の行職員による対応

　知的障がいのあるお客さまの理解度については、1人の担当者では判別がつかないこともあるでしょうから、複数の担当者で判断するという対応も考えられます。

　担当者において、こうした対応を行うも、知的障がいのあるお客さまが振込の内容を正しく理解できていないという疑いが拭えない場合には、障がいのあるお客さま本人の同意を得たうえで、家族等に連絡を入れて補助を得ることが考えられます。

　そして、それでもなお、振込の実行に問題があると考えられる場合（たとえば、振り込め詐欺が疑われる場合等）には、そのお客さまに丁寧に説明をしたうえで、家族との再来店をお願いするという流れになると考えます。

Question 43

車いすのお客さまから、「申込書を記入するための記帳台が高くて書けない」と言われた場合、どのように対応したらよいでしょうか。

▶▶▶ Answer ◀◀◀

1　車いすのお客さまからの苦情申入れ

　金融機関で記入する書類には、個人情報や金銭に関する情報等、他人には見られたくない機微な情報が記載されています。そのため、本設問のような場合に、待合スペースにいる障がいのあるお客さまのところに、単に申込書をもってきてその場での記入を求めるだけですと、他のお客さまの目に触れてしまう可能性がある以上、十分な対応とはいえません。

2　設問のような場合の具体的対応

　このような場合には、その障がいのあるお客さまが他のお客さまの目を意識することなく記入できる場所（個室やパーテーションで仕切られたスペース）に案内して、そこで記入をしてもらうという対応が望ましいといえます。

　店舗内において、そのような場所が確保できない場合は、お客さまの少ないスペースに案内したうえで、障がいのあるお客さまが記入している光景が他のお客さまから見えないように適宜さえぎるといった対応をせざるを得ないと考えます。

なお、長期的な施設面の整備として、車いす利用者専用の記入スペースを設けることも考えられますが、これは、過重な負担にならない範囲での対応事項となります（Q16参照）。

ハード面で十分でない場合には、ソフト面で補うという発想がここでも重要になります。

【障害者差別解消法】

第8条
2　事業者は、その事業を行うに当たり、障害者から現に社会的障壁の除去を必要としている旨の意思の表明があった場合において、その実施に伴う負担が過重でないときは、障害者の権利利益を侵害することとならないよう、当該障害者の性別、年齢及び障害の状態に応じて、社会的障壁の除去の実施について必要かつ合理的な配慮をするように努めなければならない。

【基本方針】

第2・3・(2)　過重な負担の基本的考え方
過重な負担については、行政機関等及び事業者において、個別の事案ごとに、以下の要素等を考慮し、具体的場面や状況に応じて総合的・客観的に判断することが必要である。行政機関等及び事業者は、過重な負担に当たると判断した場合は、障害者にその理由を説明するものとし、理解を得るよう努めることが望ましい。
　〇事務・事業への影響の程度（事務・事業の目的・内容・機能を損なうか否か）
　〇実現可能性の程度（物理的・技術的制約、人的・体制上の制約）
　〇費用・負担の程度
　〇事務・事業規模
　〇財政・財務状況

Question 44

差別的対応に当たるような事例をいくつか教えてください。

Answer

1　金融庁対応指針における具体例

　金融機関の対応が、障害者差別解消法の禁止する不当差別に当たると評価されるのはどのような場合でしょうか。

　この点、金融庁対応指針は、不当な差別的取扱いについては、「正当な理由なく、障害者を、問題となる事業について本質的に関係する諸事情が同じ障害者でない者より不利に扱うこと」と説明したうえで（この具体的な意味については、Q7を参照）、金融庁対応指針別紙「1　不当な差別的取扱いに当たりうる具体例」において、不当差別の例として次のようなものを挙げています。

> ・障がいを理由として、窓口対応を拒否する。
> ・障がいを理由として、資料の送付、パンフレットの提供等を拒む。
> ・障がいを理由として、商品の提供を拒否する。
> ・身体障がい者補助犬を連れていることや車いすを利用していることを理由として、入店を拒否する。
> ・障がいを理由として、入店時間や入店場所に条件を付ける。
> ・事業の遂行上、特に必要ではないにも関わらず、障がいを理由として、来訪の際に付添い者の同行を求めるなどの条件を付ける。

2 差別的対応の考え方

　これらは、①金融機関がサービスの提供を拒否するものと、②不合理な条件を付けてサービスの提供を事実上拒否しているに等しいもの、と整理できるかもしれません。

　つまり、合理的配慮を提供すれば、障がいのあるお客さまにサービスを提供することに特段の問題がないにもかかわらず、障がいを理由とするサービス提供の拒絶がある場合には、基本的に不当差別に当たると考えられます。

資　料

資　料

金融庁所管事業分野における障害を理由とする差別の解消の推進に関する対応指針

第1　本対応指針の趣旨
1　障害者差別解消法の制定の経緯
　我が国は、平成19年に障害者権利条約（以下「権利条約」という。）に署名して以来、障害者基本法（昭和45年法律第84号）の改正を始めとする国内法の整備等を進めてきた。
　障害を理由とする差別の解消の推進に関する法律（平成25年法律第65号。以下「法」という。）は、障害者基本法の差別の禁止の基本原則を具体化するものであり、全ての国民が、障害の有無によって分け隔てられることなく、相互に人格と個性を尊重し合いながら共生する社会の実現に向け、障害者差別の解消を推進することを目的として、平成25年に制定された。

2　法の基本的な考え方
　法は、後述する、障害者に対する不当な差別的取扱い及び合理的配慮の不提供を差別と規定し、行政機関等及び事業者に対し、差別の解消に向けた具体的取組を求めるとともに、普及啓発活動等を通じて、障害者も含めた国民一人ひとりが、それぞれの立場において自発的に取り組むことを促している。
　法の対象となる障害者は、障害者基本法第2条第1号に規定する障害者、即ち、「身体障害、知的障害、精神障害（発達障害を含む。）その他の心身の機能の障害（以下「障害」と総称する。）がある者であつて、障害及び社会的障壁により継続的に日常生活又は社会生活に相当な制限を受ける状態にあるもの」であり、いわゆる障害者手帳の所持者に限られない。なお、高次脳機能障害は精神障害に含まれる。
　また、法は、日常生活及び社会生活全般に係る分野を広く対象としている。ただし、事業者が事業主としての立場で労働者に対して行う障害を理由とする差別を解消するための措置については、法第13条により、障害者の雇用の促進等に関する法律（昭和35年法律第123号）の定めるところによることとされている。

3　本対応指針の位置付け
　本対応指針は、法第11条第1項の規定に基づき、「障害を理由とする差別の

解消の推進に関する基本方針」(平成27年2月24日閣議決定)に即して、金融庁が所管する分野における事業者(以下「事業者」という。)が、法第8条に規定する障害を理由とする差別の禁止及び合理的配慮の提供に関して適切に対応するため、定めるものである。

4 留意点

対応指針で「望ましい」と記載している内容は、事業者がそれに従わない場合であっても、法に反すると判断されることはないが、障害者基本法の基本的な理念及び法の目的を踏まえ、できるだけ取り組むことが望まれることを意味する。

事業者における障害者差別解消に向けた取組は、本対応指針を参考にして、各事業者により自主的に取組が行われることが期待される。しかしながら、事業者による自主的な取組のみによっては、その適切な履行が確保されず、例えば、事業者が法に反した取扱いを繰り返し、自主的な改善を期待することが困難である場合など、特に必要があると認められるときは、法第12条等の規定により、事業者に対し、報告を求め、又は助言、指導若しくは勧告をすることができることとされている。

第2 障害を理由とする不当な差別的取扱い及び合理的配慮の基本的な考え方
1 障害を理由とする不当な差別的取扱い
(1) 障害を理由とする不当な差別的取扱いの基本的な考え方

事業者は、法第8条第1項の規定のとおり、その事業を行うに当たり、障害を理由として障害者でない者と不当な差別的取扱いをすることにより、障害者の権利利益を侵害してはならない。

法は、障害者に対して、正当な理由なく、障害を理由として、財・サービスや各種機会の提供を拒否する又は提供に当たって場所・時間帯などを制限する、障害者でない者に対しては付さない条件を付けることなどにより、障害者の権利利益を侵害することを禁止している。

なお、障害者の事実上の平等を促進し、又は達成するために必要な特別の措置は、不当な差別的取扱いではない。したがって、障害者を障害者でない者と比べて優遇する取扱い(いわゆる積極的改善措置)、法に規定された障害者に対する合理的配慮の提供による障害者でない者との異なる取扱いや、合理的配慮を提供等するために必要な範囲で、プライバシーに配慮しつつ障害者に障害の状況等を確認することは、不当な差別的取扱いには当たらない。不当な差別

的取扱いとは、正当な理由なく、障害者を、問題となる事業について本質的に関係する諸事情が同じ障害者でない者より不利に扱うことである点に留意する必要がある。

(2) 正当な理由の判断の視点

正当な理由に相当するのは、障害者に対して、障害を理由として、財・サービスや各種機会の提供を拒否するなどの取扱いが客観的に見て正当な目的の下に行われたものであり、その目的に照らしてやむを得ないと言える場合である。

事業者においては、正当な理由に相当するか否かについて、具体的な検討をせずに正当な理由を拡大解釈するなどして法の趣旨を損なうことなく、個別の事案ごとに、障害者、事業者、第三者の権利利益（例：安全の確保、財産の保全、事業の目的・内容・機能の維持、損害発生の防止等）の観点に鑑み、具体的場面や状況に応じて総合的・客観的に判断することが必要である。

事業者は、正当な理由があると判断した場合には、障害者にその理由を説明するものとし、理解を得るよう努めることが望ましい。

2 合理的配慮

(1) 合理的配慮の基本的な考え方

事業者は、法第8条第2項の規定のとおり、その事業を行うに当たり、障害者から現に社会的障壁の除去を必要としている旨の意思の表明があった場合において、その実施に伴う負担が過重でないときは、障害者の権利利益を侵害することとならないよう、当該障害者の性別、年齢及び障害の状態に応じて、社会的障壁の除去の実施について必要かつ合理的な配慮（以下「合理的配慮」という。）をするように努めなければならない。

権利条約第2条において、「合理的配慮」は、「障害者が他の者との平等を基礎として全ての人権及び基本的自由を享有し、又は行使することを確保するための必要かつ適当な変更及び調整であって、特定の場合において必要とされるものであり、かつ、均衡を失した又は過度の負担を課さないもの」と定義されている。

法は、権利条約における合理的配慮の定義を踏まえ、事業者に対し、その事業を行うに当たり、個々の場面において、障害者から現に社会的障壁の除去を必要としている旨の意思の表明があった場合において、その実施に伴う負担が過重でないときは、障害者の権利利益を侵害することとならないよう、社会的障壁の除去の実施について、合理的配慮を行うことを求めている。

合理的配慮は、事業者の事業の目的・内容・機能に照らし、必要とされる範囲で本来の業務に付随するものに限られること、障害者でない者との比較において同等の機会の提供を受けるためのものであること、事業の目的・内容・機能の本質的な変更には及ばないことに留意する必要がある。
　また、合理的配慮は、障害の特性や社会的障壁の除去が求められる具体的場面や状況に応じて異なり、多様かつ個別性の高いものであり、当該障害者が現に置かれている状況を踏まえ、社会的障壁の除去のための手段及び方法について、「(4)　過重な負担の基本的な考え方」に掲げた要素を考慮し、代替措置の選択も含め、双方の建設的対話による相互理解を通じて、必要かつ合理的な範囲で、柔軟に対応がなされるものである。
　なお、代替措置の提供は、事業者の業務やビジネスモデル等の内容によっては、例えば、訪問等による能動的なサービスを提供することが、障害者のニーズを満たすこととなり、合理的配慮となる場合もあり得る。
　合理的配慮の内容は、技術の進展や社会情勢の変化等に応じて変わり得るものである。また、障害者との関係性が長期にわたる場合等には、障害の状態等が変化することもあるため、提供する合理的配慮について、適宜、見直しを行うことが重要である。

(2)　**意思の表明**

　現に社会的障壁の除去を必要としている旨の障害者からの意思の表明は、具体的場面において、言語（手話を含む。）のほか、点字、拡大文字、筆談、実物の提示や身振りサイン等による合図、触覚による意思伝達など、障害者が他人とコミュニケーションを図る際に必要な手段（手話通訳者、要約筆記者、盲ろう通訳者等を介するものを含む。）により行われる。
　また、障害者からの意思表明のみでなく、知的障害や精神障害（発達障害を含む。）等により本人の意思表明が困難な場合には、障害者の家族、介助者等、コミュニケーションを支援する者が本人を補佐して行う意思の表明も含む。この場合、表明された意思の解釈に当たっては、障害者本人の真意から離れたものとなることのないよう留意が必要である。
　なお、意思の表明が困難な障害者が、家族、介助者等を伴っていない場合など、意思の表明がない場合であっても、当該障害者が社会的障壁の除去を必要としていることが明白である場合には、法の趣旨に鑑みれば、当該障害者に対して適切と思われる配慮を提案するために建設的対話を働きかけるなど、自主的な取組に努めることが望ましい。

(3) 事前的改善措置との関係

　法は、不特定多数の障害者を主な対象として行われる事前的改善措置（いわゆるバリアフリー法に基づく公共施設におけるバリアフリー化、意思表示やコミュニケーションを支援するためのサービス・介助者等の人的支援及び障害者による円滑な情報の取得・利用・発信のための情報アクセシビリティの向上等）については、個別の場面において個々の障害者に対して行われる合理的配慮を的確に行うための環境の整備として実施に努めることとしている。このため、各場面における環境の整備の状況により、合理的配慮の内容は異なることとなる。

　なお、合理的配慮を必要とする障害者が多数見込まれる場合や障害者との関係性が長期にわたる場合等には、その都度の合理的配慮に加え、事前的改善措置を考慮に入れることにより、中・長期的なコスト削減・効率化につながりうる点は重要である。

(4) 過重な負担の基本的な考え方

　過重な負担については、事業者において、具体的な検討をせずに過重な負担を拡大解釈するなどして法の趣旨を損なうことなく、個別の事案ごとに、次の要素等を考慮し、具体的な場面や状況に応じて総合的・客観的に判断することが必要である。事業者は、過重な負担に当たると判断した場合は、障害者にその理由を説明するものとし、理解を得るよう努めることが望ましい。

　○事務・事業への影響の程度
　　（事務・事業の目的・内容・機能を損なうか否か）
　○実現可能性の程度
　　（物理的・技術的制約、人的・体制上の制約）
　○費用・負担の程度
　○事務・事業規模
　○財政・財務状況

第3　障害を理由とする不当な差別的取扱い及び合理的配慮の具体例

　事業者における、障害を理由とする不当な差別的取扱い及び合理的配慮の具体例は別紙のとおりである。

第4　事業者における相談体制の整備

　事業者においては、障害者及びその家族その他の関係者（以下「障害者等」という。）からの相談に的確に対応するため、既存の顧客相談窓口等の活用を

含め、相談窓口を整備することが重要である。
　ホームページ等を活用し、相談窓口等に関する情報を周知することや、相談時における配慮として、対面のほか、電話、FAX、電子メールなど、障害特性や事業者の業務・事務特性、ビジネスモデル等に応じた多様な手段を用意しておくことが望ましい。
　また、相談窓口の実効性を確保するため、障害者等からの相談対応等に必要な研修を受けた人員を配置することが望ましい。
　なお、実際の相談事例については、相談者の個人情報の保護に留意しつつ、当該事業者において順次蓄積し、以後の合理的配慮の提供等に活用するものとする。

第5　事業者における研修・啓発

　事業者は、障害者に対して適切に対応し、また、障害者等からの相談等に的確に対応するため、従業員に対する継続的な研修の実施や、啓発マニュアルの配付等を通じて、法の趣旨の普及を図るとともに、障害に関する理解の促進を図ることが重要である。
　したがって、研修等の企画に当たっては、法の趣旨や障害に関する理解を促す内容とするよう工夫するとともに、既存の外部研修等の活用や接遇に関連する資格の取得の奨励等を含め、従業員が障害者に対する適切な対応を習得できる効果的なものとなるよう検討することが望ましい。
　なお、事業者における研修・啓発においては、外見から判別困難な障害を含め、多様な障害者に対応できるような内容になるよう配慮することが必要である。

第6　金融庁所管事業分野における相談窓口

　事業者からの本対応指針等に関する照会・相談については、金融庁においては業所管各課室を、各財務（支）局及び沖縄総合事務局においては金融庁所管事業分野の業所管各課室をそれぞれ相談窓口とする。
　また、障害者等からの事業者の対応等に関する相談については、金融庁においては金融サービス利用者相談室を、各財務（支）局及び沖縄総合事務局においては金融庁所管事業分野の業所管各課室をそれぞれ相談窓口とする。

資　　料

(別紙)
障害を理由とする不当な差別的取扱い及び合理的配慮の具体例

1　不当な差別的取扱いに当たりうる具体例
　不当な差別的取扱いに当たるか否かについては、第２．１で示したとおり、個別の事案ごとに判断されることとなる。次の具体例については、正当な理由が存在しないことを前提としていること、また、これらはあくまでも例示であり、記載されている具体例に限られるものではないことに留意する必要がある。
- 障害を理由として、窓口対応を拒否する。
- 障害を理由として、資料の送付、パンフレットの提供等を拒む。
- 障害を理由として、商品の提供を拒否する。
- 身体障害者補助犬を連れていることや車いすを利用していることを理由として、入店を拒否する。
- 障害を理由として、入店時間や入店場所に条件を付ける。
- 事業の遂行上、特に必要ではないにも関わらず、障害を理由として、来訪の際に付添い者の同行を求めるなどの条件を付ける。

2　合理的配慮の具体例
　合理的配慮については、第２．２で示したとおり、具体的場面や状況に応じて異なり、多様かつ個別性の高いものである。次の具体例については、第２．２(4)で示した過重な負担が存在しないことを前提としていること、事業者に強制する性格のものではないこと、また、これらはあくまでも例示であり、記載されている具体例に限られるものではないことに留意する必要がある。
〔意思疎通の配慮の具体例〕
- 入店時に声をかけ、障害の状態を踏まえ、希望するサポートを聞き、必要に応じて誘導する。
- （身体的障害のある顧客に対しては、）書類の開封、受渡し等の対応が困難な場合に、必要なサポートを提供する。
- （視覚に障害のある顧客に対しては、）窓口まで誘導し、商品の内容を分かりやすい言葉で丁寧に説明を行う。また、顧客の要請がある場合は、取引関係書類について代読して確認する。
- （聴覚に障害のある顧客に対しては、）パンフレット等の資料を用いて説明し、筆談を交えて要望等の聞き取りや確認を行う。

○（盲ろう者に対しては、）本人が希望する場合、障害の程度に応じて、手のひら書き等によりコミュニケーションを行う。

○（吃音症等の発話に障害のある顧客に対しては、）障害特性を理解した上で、顧客が言い終えるまでゆっくりと待つ、発話以外のコミュニケーション方法も選択できるようにする。

○明確に、分かりやすい言葉で、ゆっくり、丁寧に、繰り返し説明し、対応時間の制限などを設けることなく、内容が理解されたことを確認しながら応対するなど顧客に合わせた配慮をする。また、説明に当たっては、馴染みのない外来語は避ける、時刻は午前・午後といった説明を加える、比喩や暗喩、二重否定表現を用いないなど、あいまいな表現を避け、分かりやすい表現で説明を行う。

○書類記入の依頼時に、記入方法等を本人の目の前で示したり、分かりやすい記述で伝達したりする。また、書類の内容や取引の性質等に照らして特段の問題が無いと認められる場合に、自筆が困難な障害者からの要望を受けて、本人の意思確認を適切に実施した上で、代筆対応する。

○障害のある顧客がコミュニケーションをしやすくするため、「筆談対応いたします。」など、可能な応対方法を案内するプレートを準備する。

○文字や話し言葉によるコミュニケーションが困難な顧客のために、主な手続を絵文字等で示したコミュニケーションボードを準備する。

○顧客の要望がある場合に、意思疎通を援助する者（手話通訳等）の同席を認める。

○説明会等で使用する資料や、受付および会場内の案内・説明等について、点字、拡大文字、音声読み上げ機能、ルビ付与、分かりやすい表現への置換、手話、筆談など障害特性に応じた多様なコミュニケーション手段を、可能な範囲で用意して対応する。

〔物理的環境への配慮の具体例〕

○段差がある場合に、車椅子利用者にキャスター上げ等の補助をする、携帯スロープを渡すなどする。

○車椅子利用者にとってカウンターが高い場合に、カウンター越しの対応ではなく、他のテーブルに移る等して、適切にコミュニケーションを行う。

○エレベーターがない施設の上下階の移動の際に、マンパワーにより移動をサポートしたり、上階の職員が下階に下りて手続する等の配慮をする。

○配架棚の高い所に置かれたパンフレット等を取って渡す。

○目的の場所までの案内の際に、障害者の歩行速度に合わせた速度で歩いた

資　料

り、左右・前後・距離の位置取りについて、障害者の希望を聞いたりする。
○疲労を感じやすい障害者から休憩の申出があった際には、臨時の休憩スペースを設けるなどする。
○ＡＴＭの操作が困難な顧客には声掛けし、適切な対応を取る。
○情報提供や取引、相談・質問・苦情受付等の手段を、非対面の手段を含めて複数用意し、障害のある顧客が利用しやすい手段を選択できるようにする。
○一般に顧客が来店する頻度の高い店舗においては、次のような例も参考に、可能な限り障害のある顧客が利用しやすい施設となるよう工夫を施す。
・段差について、簡易スロープ等を設置する、または、見えやすい縁取りを付けて、段差があることが分かるようにする。
・通行しやすいように通路や壁、手すりの近辺には障害物や危険物を置かない。
・視覚に障害のある顧客のために、音声案内装置や触知案内図等を準備する。
・店舗専用駐車場を設けている場合、入口付近に障害者専用駐車場を確保する。
・大型店舗等で順番待ちが必要となる店舗の場合、順番が来たことを知らせるために振動呼出器の準備や番号表示板の設置等の工夫を行う。
・障害のある顧客が使いやすいＡＴＭを整備する。

〔ルール・慣行の柔軟な変更の具体例〕
○周囲の者の理解を得た上で、手続順を入れ替える。
○立って列に並んで順番を待っている場合に、周囲の者の理解を得た上で、当該障害者の順番が来るまで別室や席を準備する。
○スクリーンや板書、手話通訳者等がよく見えるように、スクリーンや手話通訳者等に近い席を確保する。
○他人との接触、多人数の中にいることによる緊張により、不随意の発声や吃音等がある場合において、当該障害者が了承した場合には、障害の特性や施設の状況に応じて別室を準備する。

■著者紹介■

宗形　徹也（むなかた　てつや）
　2004年　慶應義塾大学法学部法律学科卒業
　2006年　慶應義塾大学大学院法務研究科修了
　2007年　弁護士登録（東京弁護士会）
　2008年　シティユーワ法律事務所入所、現在に至る

〈著書〉
　『なるほど図解　労働法のしくみ』（シティユーワ法律事務所編、中央経済社）
　『なるほど図解　独禁法のしくみ』（シティユーワ法律事務所編、中央経済社）

金融機関における 障がい者差別解消Q&A

2016年3月20日　初版第1刷発行	著　者　宗　形　徹　也
	発行者　金　子　幸　司
	発行所　㈱経済法令研究会
	〒162-8421　東京都新宿区市谷本村町3-21
	電話　代表03(3267)4811　編集・制作03(3267)4823

営業所／東京 03(3267)4812　大阪 06(6261)2911　名古屋 052(332)3511　福岡 092(411)0805

表紙デザイン／小山和彦（㈱ZAP）　制作／地切 修　印刷／㈱日本制作センター

© Tetsuya Munakata 2016　Printed in Japan　　　　　　　　　　　ISBN978-4-7668-2383-7

"経済法令グループメールマガジン"配信ご登録のお勧め
当社グループが取り扱う書籍、通信講座、セミナー、検定試験情報等、皆様にお役立ていただける情報をお届け致します。下記ホームページのトップ画面からご登録いただけます。
☆　経済法令研究会　http://www.khk.co.jp/　☆

定価は表紙に表示してあります。無断複製・転用等を禁じます。落丁・乱丁本はお取替えします。